Daniel Riolo

# RACAILLE FOOTBALL CLUB

« *Il y a quelque chose de pire que d'avoir une mauvaise pensée. C'est d'avoir une pensée toute faite.* »

Charles Péguy

« *Si vous parlez de scandale au sens grec du terme, c'est-à-dire ce petit caillou qui vous fait trébucher sur la route et qui impose un moment d'arrêt, de conscience, alors oui je veux provoquer le scandale, mais sans le calculer.* »

Romeo Castellucci

« *Deux mecs de quartier dans le top 5, c'est le signe que la France bouge.* »

Omar Sy réagissant à son statut de Français préféré des Français.

Ouvrage dirigé par Florian Sanchez


www.hugoetcie.fr

ISBN : 9782755612066
Dépôt légal : mai 2013
Imprimé chez Darantiere (Dijon-Quetigny)

# Prologue

Adel Taarabt est un footballeur professionnel, né à Fès, au Maroc, le 24 mai 1989. Il a intégré le centre de formation du RC Lens à l'âge de 12 ans et suivi parallèlement sa scolarité au collège Paul-Langevin, à Avion, une localité voisine de Lens. Ce jeune joueur au caractère qualifié de « difficile » participa pour la première fois à un match de Ligue 1, le 17 septembre 2006. Il avait 17 ans et entra à la 88e minute du match Sochaux-Lens.

En janvier 2007, Lens le prête au club anglais de Tottenham. Taarabt a du talent, mais il est surtout ingérable. Alors, quelques mois plus tard, quand ce club londonien propose de lever l'option d'achat à hauteur de 4 millions d'euros, Lens ne laisse pas passer cette belle opportunité financière. Le talent du jeune Taarabt n'est toutefois pas toujours évident. Tottenham décide alors de le prêter puis de le transférer dans un autre club de la ville, les Queens Park Rangers. Dans cette équipe qui évolue alors en division inférieure, Taarabt s'épanouit et devient même le meilleur joueur du championnat de deuxième division anglaise en 2011.

Détenteur d'un passeport français, Adel Tarrabt est souvent sélectionné avec les équipes de France des moins de 17 ans, puis des moins de 19 ans. Sa double nationalité lui permet toutefois de changer d'avis et de choisir d'évoluer avec la sélection de son pays d'origine. C'est ainsi qu'il devient international marocain.

Changer de couleur de maillot n'adoucit pas son caractère impétueux. Taarabt quitte sa sélection, en juin 2011, fâché de ne pas être toujours titulaire. Il revient, puis repart, et n'est finalement pas retenu, en dépit du talent qu'on lui prête, pour disputer la Coupe d'Afrique des Nations 2013, la compétition la plus importante du continent africain.

Habitué des sorties médiatiques pittoresques, Adel Taarabt a accordé, à la fin du mois de décembre 2012, une interview au quotidien sportif italien *La Gazzetta dello Sport*. Un entretien illustré d'une photo où l'on voit le joueur fêtant un but en montrant un maillot sur lequel on pouvait lire : « I love Allah ». Une interview dont voici quelques extraits :

**Vous êtes de Marseille, comme Zidane ?**
Zidane, c'était mon Maradona. Petit, je cherchais toujours à l'imiter. J'ai grandi dans un quartier difficile, comme lui. C'est durant cette période que j'ai cultivé la volonté d'être le meilleur.

**Pourquoi, après avoir évolué avec les sélections de jeunes en France, avoir finalement choisi de jouer pour le Maroc ?**
Mon père, qui est marocain, voulait que je joue pour les Bleus, mais à la maison, on parlait arabe, on mangeait arabe. Je me sens français mais l'hymne marocain me touche plus que *La Marseillaise*. Ensuite, la France a un problème de racisme. La preuve, quand il y a un problème en équipe de France, c'est toujours à cause des Arabes et des Noirs. La faute à Nasri, Ben Arfa, Benzema, mais c'est pas la faute de Ménez, qui n'a

pourtant même pas un nom français. Ils n'ont qu'à sélectionner que des Blancs !

**Mais vous auriez pu jouer pour les Bleus, comme Zidane ?**
Mon père connaît celui de Zidane. Il se sent avant tout algérien, mais il ne l'a jamais dit. Quand il a terminé sa carrière, il est allé en Algérie pour revendiquer son amour pour son pays. Moi, vous savez, quand je suis au Maroc, souvent, on me fait passer pour le Français.

**Pourquoi avez-vous célébré un but en arborant un maillot « I love Allah » ?**
Pour répondre à ceux qui font des films ignobles sur l'islam. Je suis musulman pratiquant. L'islam est tolérance. En France, on empêche les femmes de porter le voile. En Italie, à Florence, mon ami El Hamdaoui souffre également de voir sa femme subir des regards quand elle sort voilée. Votre peur engendre l'extrémisme !

# Introduction

*Foot Mag* est une publication de la Fédération française de football. Conçu par la FFF, ce magazine, dont le but est de porter la bonne parole et de dire que tout va bien à la grande famille du foot, est disponible uniquement sur abonnement. Il paraît six fois par an seulement. Une sorte de luxueuse crème qu'on peut se procurer pour 35 euros, soit un peu plus de 5 euros le numéro. L'édition du mois de juin 2012 est sortie peu de temps avant le début de l'Euro. Le titre enchanteur et prometteur était : « L'Hymne à la joie ». Le final du quatrième et dernier mouvement de la Neuvième Symphonie de Beethoven, l'hymne de l'Union européenne, et le poème de Friedrich von Schiller évoquant l'unité, la fraternité humaine. La référence ne manquait pas de panache. Plus, en tout cas, qu'en a montré l'équipe de France, qui, pour la troisième fois consécutive (après l'Euro 2008 et la Coupe du monde 2010), a étalé publiquement sa nullité footballistique. Nulle, certainement, mais pas autant que lors des deux précédentes compétitions internationales. Ridicule ? Là encore, moins qu'en 2008 et en 2010. Reste que l'image des Bleus fut une nouvelle fois ternie par une sale affaire de comportement de joueurs. Une fâcheuse habitude.

Laurent Blanc, ex gloire du football français arrivé en sauveur à la tête de la sélection après la terrible Coupe du monde 2010, laissa ensuite sa place à un autre champion du monde 1998, Didier Deschamps.

Le numéro de janvier-février de *Foot Mag* nous offre à la une le visage réjoui du président de la FFF, Noël Le Graët. Fraîchement réélu, le sourire disponible, il vient promettre du bonheur à ses abonnés. Industriel brillant (notamment dans les fruits de mer et les croquettes pour chien de la marque Friskies), homme politique (maire PS de la peu glamour ville de Guingamp de 1995 à 2008), celui qui a été désigné « Breton de l'année 2009 » par *Armor Magazine* est surtout connu pour sa carrière dans le football professionnel. Président de la Ligue durant neuf ans (1991-2000), ce fonctionnaire des impôts de formation impose une gestion saine et rigoureuse partout où il passe. Il est d'ailleurs à l'origine de la redoutée Direction nationale du contrôle de gestion, le « gendarme financier » des clubs de foot. Mais Le Graët, c'est aussi et peut-être surtout l'homme qui a dit non à Tapie, à une époque où tout le monde lui disait oui. Al Capone a eu Eliot Ness, Tapie a eu Le Graët !

Respecté dans le milieu, le boss, désormais, c'est lui. Peu importe son soutien, sans modération, à Raymond Domenech, il faut relativiser et se dire que le pire a souvent présidé à la destinée de la FFF. Avant lui, en effet, la plus haute instance du foot français n'avait pas été gâtée. Depuis que ce sport est entré dans ce que l'on appelle communément et avec simplicité le « business », la FFF a connu quatre présidents. Quatre hommes absolument pittoresques.

Le premier, Jean Fournet-Fayard, pharmacien lyonnais, a occupé le poste de 1985 à 1993. Un mandat amorcé après la victoire à l'Euro 1984 et achevé au soir de la débâcle tricolore contre la Bulgarie, le 17 novembre 1993. Pas de chance. Entre-temps, Fournet-Fayard aura été le premier président fantoche. Enregistrer mais ne pas décider aura été sa ligne de conduite. On a ainsi nommé, en son nom, Michel Platini sélectionneur, puis Gérard Houllier. Et il a assisté en spectateur au film de sa présidence. Perdu lors du drame de Furiani, totalement dépassé au moment de l'affaire OM-VA, et enfin épuisé, quand le Bulgare Kostadinov a privé la France d'une deuxième Coupe du monde de suite, ce fameux soir de novembre 1993.

Après lui, le Percheron Claude Simonet avait pour mission de mener la FFF au Mondial 1998 organisé en France. Une Coupe du monde, la rosette de la Légion d'honneur, tout avait pourtant bien commencé. La suite fut moins glorieuse. Quatre ans après la victoire en Coupe du monde, les Bleus partent en Corée avec une deuxième étoile déjà brodée sur le maillot et une pitoyable chanson de Johnny Hallyday en hymne officiel. Et puisqu'il fallait fêter ça avant même de jouer, Claude Simonet a dégusté un romanée-conti 1998 à 4 800 euros dans un bon restaurant de Séoul. La note de frais est mal passée. Tout comme la comptabilité de la FFF qui, pas assez habilement maquillée, a transformé un déficit de 14 millions en petit trou de 63 000 euros ! Six mois de prison avec sursis et une amende équivalente à un peu plus de deux bouteilles de romanée-conti, le bilan a tourné au vinaigre.

De 2005 à 2010, Jean-Pierre Escalettes a rejoué *Le Schpountz* à la FFF. Impossible de savoir pourquoi et qui a fait passer le président du foot français pour le naïf Irénée Fabre de Pagnol. Tout était trop grand pour lui, à commencer par ses costumes trop larges de petit fonctionnaire de province. Professeur d'anglais, c'était justement la profession d'Escalettes. « *Pour une fois que l'un de nos dirigeants parle anglais* », a dit un jour l'ex ministre des Sports Roselyne Bachelot ! Car oui, il parlait anglais, et c'est à peu près le seul compliment qu'il aura entendu durant son mandat. Parmi ses choix, celui de lier son destin à celui du Arsène Lupin du foot français Raymond Domenech lui aura été fatal. Manquer d'autorité, le comble pour un prof ! Après l'affreuse Coupe du monde 2010, en Afrique du Sud, il a d'abord refusé de démissionner, au motif que « *la démission du président est une décision personnelle* »... Il a donc fallu le pousser dehors.

À sa place est arrivé l'imposant Fernand Duchaussoy. Encore un prof, de physique-chimie, cette fois. Passionné de comédie, il a été durant sa jeunesse animateur et comédien dans un centre aéré de l'Amicale Laïque. Pourtant, jamais, pendant son court mandat d'un an, il n'aura réussi à nous faire croire qu'il était fait pour le rôle de président de la FFF. Issu du monde amateur, il le sera resté jusqu'au bout...

Noël Le Graët sourit mal. Nul doute que le photographe du magazine *Foot Mag* a pris plusieurs clichés, mais rien n'y a fait. Cette allure de pasteur anglican n'arrange rien. La revue s'ouvre en page 2 sur une publicité de GDF Suez, l'un des partenaires majeurs du foot français. On y voit trois enfants. Ils sont de dos, mais il apparaît évident qu'on est là face à une réminiscence du concept « Black/Blanc/Beur »...

Il y a en effet trois petits garçons, un typé « arabe », un typé « blanc » et un typé « noir ». Ils s'enlacent et, sur leur maillot, à la place du nom, les trois enfants portent une inscription : « Solidarité, respect et engagement ». Le texte en bas de page semble vouloir justifier le partenariat entre l'entreprise et la FFF : « *Quand nous allons sur le terrain, c'est pour défendre les valeurs d'exigence, d'engagement, d'audace et de cohésion. Et parce que le football incarne ces valeurs, nous avons choisi de soutenir l'équipe de France.* » Reste le slogan : « *Être utile aux hommes, c'est défendre ces valeurs sur tous les terrains.* »

Depuis la Coupe du monde 2010, le mot « valeur » est l'un des plus utilisés par les acteurs du foot français. Un mot qui veut à la fois tout dire et rien dire. « *Nous, on a des valeurs* », aime-t-on à répéter. Le concept est flou et abrite des vertus morales qui sommairement conduisent à penser qu'on est face à une bonne attitude, un bon comportement. Se donner au public de façon désintéressée, défendre ses couleurs loin de toute arrière-pensée économique, voilà qui pourrait faire office de définition. Ça marche pour l'équipe nationale, pour un club. C'est fourre-tout et c'est bien. Une certaine idée du bien.

Il faut dire que le football français a besoin de définition forte. En septembre 2012, quelques semaines après son entrée en fonction au poste de sélectionneur, Didier Deschamps déclarait, dans le journal *Le Parisien*, que le joueur français distinguait, peu ou pas, la frontière entre le bien et le mal ! La FFF se doit donc d'être philosophe. Mais en attendant, on fait dans le pragmatisme. L'édito de Noël Le Graët est à ce propos explicite. Le titre est clair. Il veut être jugé sur ses actes. Il veut redonner à la fédération force et crédibilité. L'ancien maire PS de Guingamp manie les éléments de langage de sa famille politique et ajoute qu'il veut remettre le football français dans le sens du progrès. Pour ce qui est du fondement de ses décisions, il annonce qu'elles seront motivées par la volonté de préserver des valeurs ô combien fondamentales, en ces temps difficiles, et plus particulièrement pour notre jeunesse (sic). Solennel, Noël Le Graët conclut ainsi : « *Que serait notre société sans le football ?* »

Quelques pages plus loin, la revue propose un entretien avec Didier Deschamps. Ses premiers mots sont clairs : « *Par ses résultats et son attitude, l'équipe de France doit donner envie d'être regardée et soutenue.* » En évoquant les joueurs, il ajoute : « *On les critique souvent, mais au fond d'eux, les joueurs ont tous envie de réussir. Dans ce monde égoïste, individualiste, l'esprit de groupe est peut-être un peu moins présent. Il faut trouver les bons mots, les rabâcher. Après, si les joueurs n'ont pas cette conviction…* »

Le thème de la fierté de porter le maillot bleu est ensuite abordé : « *Les joueurs savent ce que cela doit représenter. On ne peut pas prétendre à une carrière internationale de haut niveau sans savoir cela. Mais je ne vais pas leur rappeler à chaque fois que l'équipe de France est au-dessus de tout… L'image, comment ne pas en parler, l'ignorer. L'équipe de France est la vitrine du football français et quand elle va bien, tout le monde va bien. Il y aura toujours un avant et un après 2010. L'historique est lourd. Le moindre petit dérapage nous ramènera à ça. Les joueurs doivent savoir qu'ils n'ont plus le droit à l'erreur.* »

# L'abracadabrantesque France Black/Blanc/Beur...

Le 14 juillet 1998, Adel Tarrabt avait 9 ans. Pas sûr qu'il se souvienne de la traditionnelle allocution du président de la République de l'époque, Jacques Chirac. Il doit assurément bien plus se souvenir de la soirée du 12 juillet de cette même année 1998. Au Stade de France, l'équipe de France est championne du monde. La France devient, dans le même temps, un pays de football. Longtemps cantonné au strict cadre sportif et suivi surtout par les milieux populaires, le foot n'est plus un sujet de conversation honteux. Philippe Seguin, figure de la vie politique française (de 1973 à 2010), confiait devoir lire *L'Équipe* caché dans son bureau. Il pouvait désormais, par la grâce de cette Coupe du monde, vivre sa passion au grand jour. Placé au centre de l'espace public, le foot vit alors « sa » révolution française. Ce que le philosophe Edgar Morin appelle « *un moment d'extase national* » fait basculer le foot dans une autre dimension. Le 12 juillet, c'est aussi le jour où Zinedine Zidane a fait gagner les Bleus. Son sponsor, Adidas, projette son image sur la façade de l'Arc de triomphe. Zidane président ! L'idole du jeune Adel Tarrabt devient, très probablement sans le vouloir, une icône nationale.

## *La France éclaire le monde*

Le 14 juillet 1998, c'est la fête dans les jardins du palais de l'Élysée. La liesse populaire est loin d'être retombée. Les Bleus, ivres de joie, tutoient l'État. Un peu plus loin, après un bon bain de foule, le président Chirac se prépare. Le ton de son intervention télévisée sera évidemment festif. C'est l'heure de la communion nationale. Le moment, aussi, de lui donner un sens : « *Je crois qu'un peuple a besoin, à un moment, de se retrouver ensemble, autour d'une idée qui le rend fier de lui-même. Au fond, cette victoire a montré la solidarité, la cohésion et a montré que la France avait une âme ou qu'elle recherchait une âme. La France, historiquement, a une origine plurielle, nous revendiquons en permanence nos origines judéo-chrétiennes, latines, le fait que nous descendons des Gaulois. Un ensemble partagé qui fait que peut-être aujourd'hui la France est le pays qui a le mieux compris la nécessité de l'intégration. Aujourd'hui, c'est vrai, cette équipe à la fois tricolore et multicolore donne une belle image de la France dans ce qu'elle a d'humaniste, de fort, de rassembleur.* »

La victoire de l'équipe de France permet donc l'idéalisation du modèle d'intégration français. C'est le début de la France Black/Blanc/Beur. Le discours de Chirac donne alors naissance à une doxa. Le foot devient le symbole de la réussite du modèle d'intégration français, d'une société multiculturelle gagnante, courageuse, exemplaire…

Le 13 juillet 1998, plein d'emphase, Alain Peyrefitte, dans un éditorial du *Figaro*, écrit : « *La France est multiraciale, et elle le restera. Le Forézien Jacquet, le Kabyle Zidane, le Guadeloupéen Thuram, le Pyrénéen Barthez, l'Africain Desailly* [...] *À quoi bon passer tous nos merveilleux champions au fil de leur lignage ? C'est une fierté française qu'ils nous ont rendue, qu'ils nous ont offerte, en modèle à l'univers* ». La France *über alles* ? En tout cas, le voisin allemand se sent tout petit face au modèle français. Le 11 juillet, on peut ainsi lire, dans le quotidien *Süddeutsche Zeitung* : « *Le modèle allemand, qui demande à l'étranger de faire tout l'effort d'intégration, n'est-il pas suicidaire à la longue ? Ne serait-ce pas une bonne chose pour l'intégration si des jeunes d'origine turque pouvaient applaudir des joueurs d'origine turque devenus allemands ?* » Parmi les extasiés, Pascal Boniface, directeur de l'Institut des relations internationales et stratégiques, en rajoute : « *Le ballon est devenu un élément majeur de la diplomatie mondiale, comme si la définition d'un État ne se limitait plus aux trois éléments traditionnels (territoire, peuple, gouvernement), mais qu'il faille en ajouter un quatrième : une équipe de football.* » Ne reculant devant aucune crainte du ridicule, Boniface ose plus loin : « *Zidane va-t-il participer au rayonnement du pays comme le firent les philosophes du siècle des Lumières, nos écrivains du* XIX*e* *ou les grands intellectuels du* XX*e* *?* »

Le délire extatique est alors à son comble. « *L'indécence extraordinaire des dominants* », comme l'appelle l'écrivain George Orwell, semble ne pas avoir de limite. « *La poésie collective* » du philosophe Edgar Morin fait écho à la « *moralité supérieure* » des Bleus, qui les a guidés vers la victoire. La veille de la finale, le président de l'Assemblée nationale, Laurent Fabius, a adressé un télégramme au sélectionneur : « *577 députés sur le banc des remplaçants, cela fait sans doute un peu trop, mais nous sommes tous avec vous.* » Les hommes politiques français profitent totalement de cette union nationale autour de l'équipe de foot. Le président Chirac et son Premier ministre, Lionel Jospin, bénéficient alors d'une cote de popularité qui frôle les 70 % d'opinion favorable…

Deux ans plus tard, la même équipe de France devient championne d'Europe, en remportant l'Euro 2000. La joie de ce que le sociologue Patrick Vassort appelle la population dominée et « *rêvante* » se prolonge. Un Mondial + un Euro, la coupe est pleine. Elle déborde.

## *Éclair de lucidité*

Pourtant, quelques semaines après ce nouveau trophée, en juillet 2000, dans la revue *Le Miroir des Sports*, Mogniss H. Abdallah écrit : « L'effet Zidane, ou le rêve éveillé de l'intégration par le sport ». Un article visionnaire d'une lucidité étonnante. À contre-courant de l'analyse qui fait alors office de pensée dominante, cet article passé inaperçu mérite d'être relu. Mogniss H. Abdallah livrait une réflexion originale et juste, loin du conformisme ambiant. Il convient d'en rappeler ici la substance :
« "Zidane président !" Ce slogan, projeté sur l'Arc de triomphe le soir de la folle communion fusionnelle qui a réuni sur les Champs-Élysées une foule sans précédent depuis la Libération… Le monde des médias, des lettres et de la politique s'empare de la métaphore sportive pour chanter la portée universelle du modèle français d'intégration qui gagne… Plus de 3 milliards de personnes ont assisté par télévision interposée au sacre des "Blacks/Blancs/Beurs", ce qui en a fait l'événement le plus regardé de toute l'histoire de l'humanité… L'intelligentsia "anti-

foot", encore prépondérante avant le Mondial, se délite devant l'unanimisme national et l'admiration internationale. Certains, après avoir tenté d'incarner "les empêcheurs de tourner en rond", se convertiront même à l'apologie du football. Ainsi l'écrivain Dan Franck vire-t-il sa cuti pour se faire hagiographe avec *Zidane, le roman d'une victoire*. Ils se plieront à la force de l'évidence : le Mondial a marqué une véritable prise de conscience collective. La confiance retrouvée, c'est aussi le signal d'un changement de mentalités et le déclin du Front national. Le stade n'apparaît plus comme l'apanage exclusif d'un chauvinisme outrancier et raciste. Il peut aussi se métamorphoser en lieu festif où s'inventerait une "partisanerie" stimulant de nouveaux modes d'identification plurielle à une citoyenneté "footballistique" encore incarnée par l'équipe nationale. Un des faits les plus marquants de l'adhésion des "Blancs", des "Blacks" et des "Beurs" à l'équipe de France réside sans doute dans son caractère libre et volontaire. Ce phénomène, en soi, n'est pas nouveau… Lors des Coupes du monde de foot 1982 et 1986, les immigrés algériens ont été de fervents supporters de l'équipe de France. Enfin, il faut rappeler que les jeunes d'origine maghrébine ou noire africaine s'intègrent plus spontanément dans l'équipe locale (quartier, ville, etc.), alors qu'Arméniens, Portugais, Antillais ou Italiens jouent davantage dans des équipes communautaires… Les hommes politiques de droite ont été quasi unanimes à en convenir. "La grande majorité de ceux qui tournaient autour de la mairie avec des drapeaux français était des Beurs et des Blacks. C'était à la fois surprenant et agréable", se réjouit Thierry Mariani, député maire RPR de Valréas (Vaucluse), plus connu pour ses diatribes contre l'immigration. "Quand j'ai entendu le stade entier scander 'Zizou, Zizou', j'ai été très ému", affirme Patrick Devedjian, député gaulliste des Hauts-de-Seine, avant d'enfoncer le clou : "Même si l'intégration ne se fait pas facilement, un événement comme celui-là fait reculer le racisme. L'idée que l'intégration est possible va avancer au sein d'une droite qui jusque-là en doutait… Il y en a un qui a vraiment l'air d'un con, c'est Le Pen". »

## *Zidane icône et symbole malgré lui*

Effectivement, le chef du FN, qui vilipendait cette équipe pas vraiment française et ces joueurs d'origine étrangère ne chantant pas *La Marseillaise*, a eu tout faux. « Le tricolore est arraché à Le Pen », titre un journal italien. Cet objectif cher à la gauche républicaine semble donc atteint de façon inattendue. « *Zidane a fait plus par ses déhanchements que dix ou quinze ans de politique d'intégration* », confirme l'universitaire Sami Naïr, alors conseiller de Jean-Pierre Chevènement. À travers cette saturation de déclarations dithyrambiques, on aura compris le message : jusqu'à présent, la sélection en équipe de France des Raymond Kopa, Marius Trésor, Luis Fernandez ou Michel Platini avait déjà une valeur exemplaire. Mais la victoire au Mondial constituait une preuve en soi d'immigration-intégration réussie. En 1983, déjà, la victoire de Yannick Noah aux Internationaux de tennis de Roland-Garros avait provoqué le même type d'engouement pour la France multiraciale. Cependant, le tennis reste perçu comme un sport élitiste et individuel. Peu importait par ailleurs les origines sociales du tennisman. Le plus important avait été le caractère symbolique de la victoire de Yannick Noah.

En 1998, par ces multiples tours de passe-passe où sport et politique s'entremêlent, la déification des champions du monde a rendu le modèle français d'intégration incontestable, voire invulnérable… La famille, le travail et le sens de l'effort, la discipline et l'obéissance, la modestie, la fidélité et la solidarité. Sollicité à tout bout de champ pour donner son avis sur tout, le héros du Mondial et Ballon d'Or 1998 Zinedine Zidane détonne par son mutisme. Il refuse de se mettre lui-même en avant comme un modèle d'intégration. « *Moi, je n'ai pas de message* », répète-t-il, se méfiant de ceux qui sont à l'affût de la moindre affirmation politique ou identitaire. Ses silences seraient un indicateur d'une conscience intérieure plus complexe, qui ne saurait être réduite à l'enchantement du temps présent, où les Français semblent avoir découvert l'amour de leur prochain. Mais Zidane n'est pas du genre à désenchanter son monde. Sa timidité, feinte ou réelle, qui le rend paraît-il encore plus populaire, arrange finalement bien tous ceux qui ont besoin de « héros muets » pour continuer à surfer sur la vague consensuelle de l'après-Mondial.

La posture publique de la nouvelle idole nationale contraste avec l'engagement de certains de ses coéquipiers. Bernard Lama parraine des écoles en Afrique et célèbre l'abolition de l'esclavage. Il est rejoint par Lilian Thuram, qui s'élève contre le racisme dans les stades. Thuram, qui après la finale du Mondial avait demandé sous les yeux choqués de Franck Lebœuf et de Christophe Dugarry à faire une photo « *entre Noirs* ». De son côté, Youri Djorkaeff dénonce, lui, le génocide arménien. Et Christian Karembeu, le Calédonien, s'engage en faveur des indépendantistes kanaks.

Mais Zidane, pour sa part, ne dit rien. Il est étroitement contrôlé par ses agents, qui rejettent tout enfermement communautaire de l'image de leur poulain. Ils refusent même la mise en vente d'un CD de musique raï réalisé par trois « Cheb » en hommage au « meilleur joueur du monde ». Et, lorsque Zidane se laisse aller à dire, dans un livre avec son ami Christophe Dugarry (*Les Copains d'abord*, 1999), que sa victoire, « *c'est aussi celle de [son] père, celle de tous les Algériens fiers de leur drapeau qui ont fait des sacrifices pour leur famille mais qui n'ont jamais abandonné leur propre culture* », les propos sont supprimés dans la deuxième édition.

« *Il y a trop de requins autour de Zinedine*, déplore son frère Nordine, *trop de gens qui veulent l'utiliser pour faire passer des idées politiques.* » Pour lui, le modèle français d'intégration n'est pour rien dans le parcours exceptionnel de son frère. Et quand on demande à Zidane ce qu'il doit à la France, il finit par s'énerver : « *Ce que je suis, je le dois à mon père et à ma mère. Je leur dois tout, parce qu'ils m'ont appris très jeune à garder la tête froide, à travailler, à être respectueux envers les autres.* »

Zidane parle peu et ne souhaite pas discourir sur l'immigration et les difficultés sociales et culturelles rencontrées. Il concède juste, dans le livre de Dan Franck, que « *pour faire sa place, un étranger doit se battre deux fois plus* ». Les valeurs somme toute fort traditionnelles véhiculées par Zidane semblent tout droit sorties d'un manuel d'instruction civique. Il illustre également la rhétorique républicaine sur l'intégration au mérite qui aurait, selon le philosophe Alain Finkielkraut, « *réconcilié la gauche avec le sport* ».

Zidane devient un « exemple pour la jeunesse ». La consécration internationale du champion va attirer l'attention sur ces milieux du football qui investissent déjà depuis un certain temps dans la pépinière des jeunes des banlieues. Celle-ci suscite les convoitises, notamment des agents qui font main basse sur les sportifs les plus talentueux, souvent mineurs, puis procèdent à des transactions financières à leurs dépens. Certains agents sont clairs : « *Nous avons chez nous une "matière première" de grande qualité, notamment grâce aux qualités physiques exceptionnelles des jeunes issus de la banlieue. Les clubs étrangers l'ont bien compris.* »

L'effet Zidane, qui évolue alors dans la prestigieuse équipe italienne de la Juventus Turin depuis 1996, va faciliter la tâche de *trader* pour cette « matière première ». Au printemps 2000, on vend un « futur Zidane », Mourad Meghni, 16 ans, en formation à l'Institut national du football de Clairefontaine, au club italien de Bologne. D'autres jeunes joueurs prendront de leur propre initiative la fuite à l'étranger. Le cas le plus connu est celui de Nicolas Anelka. Dès l'année 1997, à 17 ans, ce gamin « black » de la ville nouvelle de Trappes quitte le Paris Saint-Germain pour Arsenal, en Angleterre. Puis son transfert à prix d'or au Real Madrid va défrayer la chronique des mois durant. Quand il « craque », Anelka regagne sa cité de Trappes pour se ressourcer. Mais il sait qu'il sera vite rappelé. C'est dans ce climat qu'il intègre, en 2000, l'équipe de France. En conquérant quelque peu insolent, symbole d'un foot business qui n'a plus grand-chose à voir avec l'image de générosité tant vantée depuis le Mondial. Si les joueurs exportent le génie tricolore sur le marché international, la France fait toujours rêver les gamins du monde, en particulier ceux du pré carré africain. Or, les clubs français recherchent toujours plus de perles rares au prix le plus bas possible. Entre 1998 et 1999, le nombre de jeunes étrangers mineurs engagés dans les clubs de l'élite s'accroît subitement de façon exponentielle. Arrivant souvent directement du pays d'origine avec un simple visa touristique, ils sont pris à l'essai. Mais « *tous ces joueurs ne peuvent passer pro puisque le nombre de contrats hors Union européenne est limité. Alors, les meilleurs sont vendus ou naturalisés* », dénonce Jean-Jacques Amorfini, vice-président de l'Union nationale des footballeurs professionnels. « *Les autres repartent dans la nature* », conclut-il. Et se retrouvent sans papiers, expulsables à leur majorité.

À la fin du mois d'août 1999, l'expulsion de Serge Lebri, un jeune Ivoirien de 18 ans sans papiers depuis un « essai non concluant » avec le FC Nantes, tire le signal d'alarme. L'opinion découvre alors le « trafic des mineurs » des « négriers du foot » et s'en émeut. Le ministère de la Jeunesse et des Sports déclenche une enquête administrative qui confirmera des « dérives » à grande échelle. Pour la ministre Marie-George Buffet, adepte du « sport citoyen », il était urgent de réagir pour renouer avec les prétendues vertus originelles… Elle ne voudrait pas que l'aspiration grandissante des jeunes à une carrière de sportif professionnel gagnant très vite beaucoup d'argent se développe…

L'après-Mondial a suscité un regain d'intérêt pour une pratique sportive déjà fort répandue. Des dizaines de milliers de jeunes, mais aussi des moins jeunes, vont se présenter à la Fédération

française de football pour pouvoir taper le ballon dans une équipe « Black/Blanc/Beur » qui ressemblerait aussi bien au « posse » (groupe) du quartier qu'au collectif d'Aimé Jacquet. L'identification perdure.
De plus, une force d'exaltation sur le mode « Zidane, t'es le meilleur » s'est emparée de tout un chacun. Désormais, seule la victoire est belle ! Le culte de la performance a rouvert la porte à une violence sans précédent sur les terrains, amateurs ou professionnels. Une situation qui aboutira à la suspension des stades du district de Seine-Saint-Denis (93) pendant plusieurs semaines, en avril 1999. Le racisme refait lui aussi surface dans les gradins des stades de France. Quelques centaines d'emplois-jeunes supplémentaires, une présence policière plus musclée et la projection de clips vidéo antiracistes ne constituent certainement pas une réponse publique adéquate à la désaffection qui guette. En l'absence de prolongements concrets à l'aventure du Mondial dans la vie sportive locale, les cadres bénévoles craquent et les gens s'en retournent chez eux ou se mettent à pratiquer en dehors de tout cadre officiel organisé.

Mais alors, le « collectif », le désir d'être « tous ensemble » auraient-ils vécu ? L'effet Mondial n'a-t-il été qu'une parenthèse ? Lui aurait-on attribué une signification qui n'était pas la sienne ? Une certitude, néanmoins : l'équipe de France restera championne du monde jusqu'en 2002, année où elle remettra son titre en jeu. D'ici là, la pression pèsera sur les épaules de Zidane et de ses compagnons : au fil des compétitions, il leur faudra gagner, et gagner encore…

## *Du rêve à la réalité*

Gagner et gagner encore, donc. Gagner afin de dissimuler la supercherie, la grande arnaque qui sera bientôt dévoilée. Après l'Euro 2000, direction le Mondial en Asie. Autour de la Coupe du monde 2002 et du titre à défendre, l'engouement est fort. La France est favorite et on croit tellement à un nouveau succès que l'équipementier des Bleus, Adidas, fait déjà sa promo avec une deuxième étoile brodée sur le maillot. Une autre icône nationale est sollicitée pour accompagner cette nouvelle aventure : Johnny Hallyday. « *Allez les Bleus, on est tous ensemble* », hurle-t-il. Cette fois, pourtant, la bande à Zidane ne passe même pas le premier tour. La fête est finie.

Entre la victoire à l'Euro 2000 et cette débâcle totalement inattendue, les vendeurs de la France « Black/Blanc/Beur » avaient déjà dû revoir leur belle copie. Le rêve avait effectivement été froissé une première fois le 6 octobre 2001. Au Stade de France, trois ans seulement après la révolution du 12 juillet 1998, l'équipe de France de Zidane reçoit la sélection algérienne. *La Marseillaise* est sifflée à tel point qu'elle devient inaudible. En tribune présidentielle, le Premier ministre, Lionel Jospin, et les membres de son gouvernement Élisabeth Guigou et Marie-George Buffet affichent des mines défaites, incrédules. Sont-ils surpris ? Claude Simonet, le président de la FFF, semble comme littéralement tiré de sa sieste.

Ils sont là. Tous là, dans la tribune officielle. Celle où sont les décideurs, ceux qui savent et comprennent. Certains semblent chercher du regard ceux qui leur ont menti, ceux qui ont raconté la belle histoire de France 98. Le match débute. L'Algérie joue à domicile. Et quand la France mène trop largement au score, le public, composé de beaucoup de jeunes issus de l'immigration, envahit le terrain et provoque l'arrêt de ce match qui se voulait festif. Autour de Zidane, la symbolique était forte. Zidane (l'idole française) contre son pays d'origine. Un trait d'union à célébrer. En masse sur la pelouse, ces jeunes semblent faire la fête, heureux du bordel provoqué. Certains vont plus loin et jettent tout ce qu'ils peuvent jeter en direction de la tribune présidentielle. Des bouteilles d'eau viennent éclabousser les toujours incrédules ministres. Jospin reste sans réaction, spectateur d'un événement totalement imprévu. Le match est diffusé sur *TF1*. Les commentateurs, le célèbre duo Thierry Roland-Jean-Michel Larqué, les mêmes qui versaient une larme le soir de la victoire en Coupe du monde, trois ans plus tôt, tentent de décrire la scène. Le journaliste de terrain Pascal Praud est prêt à recueillir les premières réactions. La ministre des Sports PC du gouvernement PS, Marie-George Buffet, devient assistante sociale : « *C'est pas méchant.* » Et puis, elle lance cette phrase pleine de vide : « *Ils envahissent le terrain pour exprimer quelque chose* »… La ministre ne sait visiblement pas ce qu'est ce « *quelque chose* ». Claude Simonet bouge enfin et livre son sentiment : « *Quand on aime son pays, on respecte son équipe nationale et on la laisse s'exprimer jusqu'au bout.* » Pendant qu'elle cherche son fameux « *quelque chose* », une bouteille d'eau manque de peu Marie-George Buffet. Elle doit encore penser que tout cela n'est pas méchant.

Sur le terrain, un homme ne contrôle pas sa colère, c'est Lilian Thuram. Le défenseur des Bleus est passé à la postérité par le biais de deux images. Celle après son improbable deuxième but contre la Croatie, en demi-finale du Mondial 1998, et celle de sa colère ce soir-là. Il ne veut pas quitter le terrain. C'est comme s'il voulait affronter tous ces jeunes. Il en attrape un par le bras, l'agrippe fort. Il lui parle, on n'entend pas, mais on devine : « *Vous faites quoi là ? Tu fais quoi ? Tu te rends compte de ce que vont penser les gens ?* »

« Les gens » ont globalement pensé qu'il y avait un problème avec ces jeunes. Des jeunes issus de l'immigration qui viennent siffler l'hymne français et envahissent le Stade de France, cela suffit à ouvrir une polémique nationale, ou *a minima* médiatique. En 2001, Nicolas Sarkozy n'a aucune responsabilité politique, mais il aurait pu ce soir-là, devant sa télé, lui grand amateur de foot, préparer sa *punchline* : « *Vous en avez assez, hein, vous avez assez de cette bande de racailles ? Eh bien, on va vous en débarrasser.* »

Pendant que Lilian Thuram tente de canaliser sa colère, Zidane l'icône nationale est, lui, dans un monde, le sien. « Son » match a tourné à l'émeute, mais lui apparaît apaisé, loin du tumulte. Les images de *TF1* le montrent dans les couloirs du Stade de France. Il se fait prendre en photo par des internationaux algériens, il signe des autographes. C'est presque surréaliste.

Ces événements, abondamment commentés, interviennent six mois avant l'élection présidentielle de 2002. Le 21 avril 2002, celui qui avait été, selon certains, humilié, rayé de la politique française, celui que Patrick Devedjian avait traité de « *con* » au moment de l'extase nationale de 1998, est au deuxième tour de l'élection présidentielle. Jean-Marie Le Pen face à Jacques Chirac, Lionel Jospin éliminé, c'était aussi prévisible que le fiasco des Bleus au Mondial asiatique deux mois plus tard. La grosse cote.

Pour comprendre, on interroge un autre sportif d'origine algérienne, le judoka Djamel Bouras. En 1996, bien avant la France « Black/Blanc/Beur », il avait dédié sa médaille d'or obtenue aux J.O. d'Atlanta à tous les musulmans qui souffrent. Bouras, l'enfant des cités qui a toujours refusé qu'on le présente comme un « bon Beur », comme un exemple de la seconde génération. Bouras, le musulman revendiqué, qui oscille entre dénonciation des islamistes et compréhension des exigences communautaires. À la fin des années 1990, le judo propose deux vainqueurs. David Douillet, le rond normand. La France profonde, l'ami du président Chirac. Dans *Libé*, Luc Le Vaillant déclare, en avril 1998, que Douillet « *fait un malheur en bon gros rassurant un pays paumé* ». Bouras, lui, fonde sa notoriété sur le mode rebelle. Il parle fort et apparaît comme le désintégrateur de l'intégration bien-pensante. « *David, c'est pour les mômes, Djamel, pour les ados* », analyse Brigitte Deydier, ex judokate.

Trois jours après ce France-Algérie, Bouras est invité par l'animateur télé à la mode Thierry Ardisson. Son émission « Tout le monde en parle » est alors une sorte de messe médiatique, une tribune où l'on parle et où l'on est entendu. Bouras explique sa vision des choses : « *On ne peut pas régler l'histoire avec un match de foot. On a mis trop de pression sur ce match.* » Il évoque ensuite la France

« Black/Blanc/Beur » pour mieux la fustiger et affirmer qu'au lieu de fédérer, elle a renvoyé chacun à ses origines. Le judoka parle d'intégration, là encore pour s'offusquer : « *Mais de quelle intégration parlez-vous ? Je suis français, républicain. Le mec d'origine italienne, polonaise, devant France-Italie ou France-Pologne, il supporte qui ? Pourquoi là, ça serait plus grave ?* » Même s'il n'y a pas d'exemple de France-Italie ou de France-Pologne à Paris avec *Marseillaise* sifflée et envahissement de terrain, le discours de Bouras mérite d'être entendu.

L'émission de télé se poursuit. Il n'y a pas de transition. On est dans le même sujet, dans la continuité du propos précédent. La discussion s'ouvre aux autres personnes invitées. Jean Glavany, ministre de l'Agriculture, la chanteuse franco-israélienne Shirel et l'humoriste Élie Semoun entament ce qui doit être un débat. En l'espace de cinq minutes, on passe du match de foot France-Algérie aux attentats du 11 septembre 2001 pour aboutir au conflit israélo-palestinien. Un vaste cirque médiatique, des raccourcis surréalistes reflétant une forme de pensée de notre société ? Est-ce cela qui a poussé Djamel Bouras à se radicaliser ? En 2004, il a soutenu la chaîne du Hezbollah Al-Manar. Il a participé à une manifestation contre la loi sur la laïcité à l'école, la même année. Enfin, il milite aux côtés du Parti des musulmans de France. Un parti fondé sur les valeurs et les principes de l'islam.

Symboliquement, l'équipe et la France « Black/Blanc/Beur » inventées en 1998, et dont la promotion avait été assurée par le président Chirac, vole en éclats. Quinze ans plus tard, il n'en reste rien. Mogniss H. Abdallah disait, en juillet 2000, que seule la victoire permettrait de cacher la réalité. Au lieu de cela, les Bleus ont échoué dans cinq sur six des compétitions internationales qu'ils ont disputées (Mondial 2002, Euro 2004, Euro 2008, Mondial 2010 et Euro 2012). Lors de la Coupe du monde 2006, pour les adieux de Zidane, l'équipe de France est allée jusqu'en finale. Brillant, beaucoup plus qu'en 1998, Zidane est le guide de cette équipe. Il quitte toutefois la Coupe du monde et le football en finale sur un carton rouge et un affreux coup de tête. L'icône national a fait gagner et perdre son équipe. Son geste, ce coup de boule, une horrible entorse aux plus élémentaires règles de fair-play sur un terrain, sera immédiatement excusé publiquement par le président de la République, Jacques Chirac. Cet acte violent est donc minimisé. Il va très vite être glorifié, chanté même. On est loin des commentaires naïfs de 1998. La violence, la vulgarité, la vengeance, le code d'honneur sont les nouveaux symboles. Zidane continue de ne rien dire. Pas question de s'excuser. Il est excusé.

## *Le rejet des Bleus*

Six ans plus tard, lors de l'Euro 2012, l'équipe de France est conduite par un autre meneur de jeu, Samir Nasri. Lui, comme d'autres jeunes « Beurs », a été présenté depuis ses débuts comme un « nouveau Zidane ». Être d'origine algérienne et jouer milieu de terrain semble suffire aux assimilations les plus simplistes. Et si l'on ajoute que Nasri est de surcroît marseillais, l'héritage est évident. Le raccourci trop facile à emprunter. Mais pour ce qui est de la popularité, c'est comme en matière de jeu, entre Zidane et Nasri, il y a plusieurs mondes d'écart. Samir Nasri quitte l'Euro 2012, lui aussi sur un mauvais geste : un doigt sur la bouche enjoignant au silence, adressé à un journaliste et un « *Ferme ta gueule* » crié dans un stade. Une attitude négative, une de plus sur la longue liste des mauvais comportements imputés aux Bleus depuis quatre ans.

Les longs et beaux discours sur l'intégration par le foot ont disparu. Les Français disent ne plus se reconnaître dans cette équipe de France. C'est le désamour. Un sondage commandé par le journal *Le Parisien/ Aujourd'hui en France*, paru cinq semaines avant le Mondial 2010, est à ce sujet on ne peut plus clair. À la question « Aimez-vous beaucoup, assez, peu ou pas du tout l'équipe de France de football ? », 46 % des personnes sondées répondaient peu ou pas du tout, 19 % beaucoup et 30 % assez. Ces chiffres révèlent l'ampleur du malaise. Le divorce entre les Bleus et le public semble définitivement consommé quand, peu après l'Euro 2012, dans un sondage IFOP publié par *Le Journal du Dimanche*, seulement 20 % des Français avouent avoir encore de la sympathie pour les Bleus.

Il existe des sondages sur tout. Et que dit le palmarès 2012 des Français qui agacent ? Dans la rubrique sport, les footeux arrivent largement en pole. Franck Ribéry est en tête, pour la troisième année de suite. Anelka le suit de près. Un podium complété par Karim Benzema. Ce dernier « profite » d'une augmentation de 14 points en 2012. Tous sports confondus, les autres athlètes sont très loin derrière !

Ribéry, Anelka, Benzema, quel trio ! De vraies têtes de coupables, comme le disait le magazine *So Foot*, dans son numéro de décembre 2012. Yann M'Vila était en couverture. L'ancien joueur de Rennes est depuis parti en Russie, échappant à la notoriété négative du joueur de foot.

Ribéry, Anelka et Benzema. Faut-il pousser plus avant l'analyse pour savoir que ces trois-là vont avoir dans l'opinion une image de mauvais garçons, de racailles ?

Virgile Caillet est directeur de l'Institut Kantar Sport. Il étudie le marketing et l'économie du sport. La FFF lui commande régulièrement des études sur l'image du foot, des joueurs. Depuis 2010, le sujet est prioritaire. « *Mon premier constat, c'est que l'image du foot est réellement dégradée* », explique-t-il. Un constat paradoxal au moment où les mêmes enquêtes indiquent que le foot reste de loin le sport numéro un. Dire que le foot est trop médiatisé et dans le même temps continuer à le suivre, c'est une contradiction étonnante. Le public est comme perdu. Il aime le foot, mais pas ceux qui le font. Ce qui trouble le plus Virgile Caillet, ce sont les mots que l'on attribue au foot : « *On nous parle d'individualisme, de luxe, de bling-bling, des références très négatives dans l'opinion. Quant au mot respect dont on parle beaucoup en sport et dans le foot, il est en bas de l'échelle. Comme si le foot en était dépourvu.* »

Mandaté par la FFF, Kantar s'est également penché sur les personnalités qui composent l'équipe de France. Si l'on avait voulu être en phase avec les personnes sondées, il aurait fallu faire le ménage parmi les joueurs dont l'attitude a déplu. Virer trois ou quatre joueurs pour que les courbes soient plus vertueuses sur les graphiques de la FFF. Cela aurait signifié une reprise en main, une autorité plus présente. Et pendant que ceux qui sont aux responsabilités sportives pensent d'abord aux résultats pour pouvoir tout effacer s'ils s'amélioraient, les enquêtes indiquent le souhait d'une équipe de France qui corresponde à des « valeurs » plus nobles. Être fier de son équipe, même s'il faut en passer par des années de vaches maigres, voilà en substance le message. À la question : « L'amélioration de l'image de l'équipe de France passe-t-elle par la non-sélection de certains joueurs dont le comportement n'a pas été correct durant l'Euro ? », la réponse est positive. En chiffres, cela donne une note de 7,74/10.

Les courbes sur les graphiques de l'Institut Kantar sont bleue et rouge. Une pour le passionné de foot, l'autre pour le grand public. La FFF s'intéresse surtout à celle du grand public. Avec l'arrivée de Laurent Blanc à la tête de l'équipe, la courbe monte. Un Euro raté et une image encore écornée, ça dégringole. L'arrivée de Didier Deschamps, et l'espoir renaît. Une discussion autour des primes versées aux joueurs étalée dans les médias, et ça baisse. Un match nul obtenu en Espagne, ça frémit. On regarde de près une étude sur les joueurs. Pas de noms, c'est trop délicat. Mais on comprend : « *J'aimerais bien qu'il y ait plus de Debuchy, qu'il y ait plus de Cabaye, qu'il y ait plus de Giroud dans mon équipe.* » Dérangeant. Pour le match de rentrée au Stade de France, en septembre 2012, les affiches de promo du match mettent en avant ces trois joueurs-là. Benzema, la star de l'équipe, l'attaquant du grand Real Madrid, est au fond, en petit. Ribéry est également traité avec beaucoup moins d'égards que les « nouveaux ». Loin de toute considération sportive, une affiche au faciès ? Contactée, la FFF n'est pas au courant. On insiste. Le service marketing, lui, parle de pur hasard. Deschamps est-il au courant de ces études ? Oui, probablement, certainement. Mais impossible de savoir ce qu'il fait des graphiques.

En conclusion, Virgile Caillet explique : « *On ne s'est pas encore relevés du choc de la Coupe du monde 2010. Le vrai cataclysme, c'est donc Knysna 2010. La perception du public tourne autour de l'idée de l'orgueil de la France. On a été ridicules aux yeux du monde. On n'a pas été bons, mais en plus, on a été ridicules. Cette image dégradée de la France a touché les gens. Et il est ressorti de ça une appréciation nouvelle du joueur. Ils sont privilégiés, touchent beaucoup d'argent, font un métier exceptionnel. Des nantis qui se comportent mal et qui ne sont respectueux de rien.* »

Du 21 février et du 5 mars 2011, l'Institut Médiascopie a conduit pour le ministère des Sports une enquête intitulée « les mots du sport ». Le but était de soumettre aux personnes sondées une liste de mots et de leur demander de les placer sur une échelle négative ou positive. Dans le haut de l'échelle, on observe que l'évocation de la victoire mondiale de 1998 et le nom de Zidane demeurent au sommet. Tout en bas, on trouve la main de Thierry Henry, la Coupe du monde 2010 et *La Marseillaise* sifflée. Les mots foot et Ligue 1 sont au milieu, juste en dessous de la moyenne. Toujours en négatif apparaissent les mots liés au sport business, les salaires des joueurs, les agents de joueurs, les transferts. Le foot apparaît comme le père de tous les vices. Très loin des valeurs du sport tel qu'on l'idéalise.

L'image du joueur, le déclin de l'équipe de France dans la presse et l'opinion publique, s'étaient toutefois engagés bien avant la grève de 2010. On notait déjà les prémices du changement dès l'Euro 2008. Dans son livre paru en novembre 2012, *Tout seul*, l'ancien très controversé sélectionneur Raymond Domenech revient sur les années passées à la tête des Bleus. Il raconte que, lors de cet Euro 2008, Lilian Thuram, sur le point de quitter définitivement l'équipe de France, est venu le trouver pour le mettre en garde : « *Coach, dans ce groupe, il y a des petits cons.* » Un avertissement qui sonnait comme une prédiction. « *Ces petits cons* » sont vite identifiés par le public. Il s'agit de cette nouvelle génération de joueurs, de jeunes venant de banlieues, des cités. Ceux que l'opinion publique désigne comme des « racailles ».

# Knysna et le divorce national

Roselyne Bachelot n'est pas particulièrement fan de sport. Son père l'était. Lecteur assidu de *L'Équipe*, il aurait, paraît-il, été très étonné de voir que sa fille s'était vu confier le ministère des Sports. Il aurait même beaucoup ri. À vrai dire, si la mission n'avait pas été élargie et le ministère plus vaste avec la « santé » en mission première, aurait-elle accepté ? Ce n'est pas certain. La santé, elle connaît. Mais le sport ? Après tout, être ou avoir été dans le milieu aide-t-il à faire un bon ministre des Sports ? Roger Bambuck, Jean-François Lamour, David Douillet et Chantal Jouanno ont-ils été meilleurs que d'autres parce qu'anciens sportifs ? Pas certain. Raillés parce que sportifs dans un monde politique qu'ils ne maîtrisaient pas, ça oui. Et puis, ça sert à quoi au fond un ministre des Sports ? En Europe, aux États-Unis, on en connaît ? Des personnalités marquantes ? Non. Le poste existe peu, voire pas du tout. On parle d'agence gouvernementale ou de rattachement à un autre ministère, à celui de l'Intérieur en Allemagne. En revanche, dans de nombreuses dictatures, ce ministère existe. La France est parfois un pays curieux. En matière de sport, elle se rapproche de Cuba et de la Corée du Nord.
Lors de son élection à la présidence de la République, Nicolas Sarkozy a choisi de rassembler la « santé » et les « sports ». Roselyne Bachelot voulait la « santé », elle l'a eue. Avec un petit cadeau, les sports !

## *Bachelot dans le vestiaire*

Soutenir les équipes de France, voilà l'une des prérogatives du ministre. Faire des photos, féliciter les champions. Punir le champion ? Jusqu'en 2010, ça ne s'était jamais vu. N'oublions pas que, en matière de foot, le sujet est délicat puisque la FIFA interdit toute ingérence. L'indépendance à l'égard du pouvoir politique, c'est un sujet sensible pour la FIFA. L'équipe de France est une émanation de la Fédération française de football, elle-même sous tutelle du ministère, et donc en quelque sorte un service public, mais en théorie, le politique ne se mêle pas de foot. Le politique vient au foot, mange du foot, se sert du foot, redessine les contours idéologiques d'un pays grâce au foot, comme en 1998, mais officiellement, il ne se mêle pas de foot.
Le 23 juin 2010, Roselyne Bachelot est rentrée d'Afrique du Sud. Partie soutenir les Bleus, engagés dans la Coupe du monde en Afrique du Sud, elle est revenue comme personnage central de l'État, attendue au rapport à l'Assemblée nationale. À 17 heures, ce jour-là, elle devait répondre aux questions des parlementaires, aux questions de la France. Que s'était-il donc passé pour que l'on en arrive à un tel fiasco, une telle honte, un tel drame national ?

Quelques jours plus tôt, la ministre avait fait trois ouvertures du Journal de 20 heures consécutives. Le 19 juin, matin de la parution du journal *L'Équipe* avec à la une le duo Domenech/Anelka et le titre « Va te faire enculer sale fils de pute », Roselyne Bachelot était prête. Son attachée de presse à Paris,

Véronique Laffont, l'avait prévenue que *L'Équipe* allait sortir un truc « *énorme* » et qu'il fallait se tenir prête. Une réaction, Madame la Ministre ? Le tourbillon médiatique était en route. Initialement, le voyage devait être des plus communs. Un soutien affiché aux Bleus, des photos, un peu de sport et un peu de santé, afin d'honorer la première partie de la mission ministérielle. Ce bref séjour sud-africain devait débuter par un dîner avec l'équipe de France. Elle s'y était préparée en révisant un peu. Mais en arrivant à l'hôtel des Bleus, le président de la FFF, Jean-Pierre Escalettes, l'accueillit en l'informant que les joueurs n'avaient pas très envie d'être dérangés. Des joueurs de l'équipe de France qui refusent de voir un ministre de la République, symboliquement, c'est fâcheux. Mais même si elle trouva ça regrettable, Roselyne Bachelot s'en accommoda. Pour compenser, la FFF l'invita dans un beau restaurant. Ce dîner long et ennuyeux avec les responsables fédéraux, Escalettes, celui qui parle bien anglais, et un gros monsieur dont elle a vite oublié le nom (Duchaussoy), ne lui laissera pas un souvenir impérissable. Heureusement, il y a Jacques Lambert, le directeur général, l'ancien préfet. Un homme d'une autre dimension.

Une deuxième défaite des Bleus, les insultes d'Anelka à Domenech, une grève des joueurs, le court séjour de la ministre se transforme très vite en mission de premier ordre. Roselyne Bachelot doit gérer une crise politique et morale majeure. Et si les insultes se gèrent avec une réaction média de type classique, la grève entraîne la ministre vers des terrains plus délicats. C'est pendant qu'elle visite un centre culturel à Johannesburg avec l'ambassadeur qu'elle est avertie de la grève des joueurs. L'affaire prend instantanément une dimension nationale. Le président Sarkozy l'appelle. Les ordres sont clairs. Pas question de rentrer en France comme prévu. Elle doit parler aux joueurs. De la France, de ce qu'elle veut, comme elle veut, mais elle doit y aller et assister ensuite à la rédemption à l'occasion du match face à l'Afrique du Sud. L'agenda explose. L'échange téléphonique avec François Fillon la détend. Flegmatique, le Premier ministre lui lâche : « *Ça ne reste que des gars qui tapent dans un ballon, tout de même.* » Mais un ballon qui la place au centre de l'attention. Elle sera même à la une de beaucoup de journaux dans le monde. On verra Bachelot dans des journaux pakistanais, chinois, allemands, sud-africains, sud-américains…

Certains, rares, se sont peut-être moqués, mais de l'avis général, le discours tenu par la Ministre a touché les joueurs. L'emprunt fait à une « causerie » de l'ex capitaine du XV de France Raphaël Ibanez a fonctionné. « *Que voulez-vous que la France retienne de vous ?* »
Elle leur parle sincèrement, comme une maman à des enfants ayant dérapé. Fin de la mission. Fin du fiasco. Début du drame national.

## *Les caïds et les gamins apeurés…*

Le 23 juin, la France a donc déjà quitté la Coupe du monde. Nicolas Sarkozy n'aura pas son événement sportif émulateur et fédérateur. À 17 heures, donc, Roselyne Bachelot livre son constat à l'Assemblée : « *Jamais le gouvernement n'aurait dû avoir à s'occuper de la Coupe du monde de football. Car c'est la responsabilité de la FFF. Je ne peux que constater comme vous le désastre avec une équipe de France où des caïds immatures commandent à des gamins apeurés. Un coach désemparé et sans autorité. Une Fédération française de football aux abois.* »

Si Roselyne Bachelot avait pu décider de quelque chose, elle aurait viré le président de la FFF, Jean-Pierre Escalettes, totalement dépassé par les événements. Mais, privé de pouvoir effectif en matière sportive, le politique doit en rester à un pouvoir d'expression. Une commission d'enquête est ouverte au sein de l'Assemblée nationale. Pour la plupart des députés de gauche, le fautif, c'est l'argent. Le vicieux qui pourrit le footballeur. Visiblement, personne ne les a informés que les jeunes footballeurs des autres pays sont eux aussi pleins aux as.

Roselyne Bachelot a bien essayé de dissuader Nicolas Sarkozy de recevoir Thierry Henry à l'Élysée, mais en vain. Elle sait qu'il veut tout gérer et « *qu'il ne perd jamais l'occasion de faire une connerie* ». Durant toute cette Coupe du monde, Henry avait été un pantin inutile qui s'était tenu éloigné de tout. Que pouvait-il raconter au Président ? « *J'ai envoyé tous les signaux en disant que cette chose-là était inappropriée. Je lui ai dit que c'était un merdier épouvantable, qu'il fallait rester éloigné de tout ça. En vain. Pendant toute cette affaire, je voyais des gens qui ne cessaient de souffler sur les braises, notamment le président de la République* », explique-t-elle. La politique nous avait vendu la belle France de 1998 et c'est elle aussi qui nous offre la France des « racailles ». Autour du Mondial, aucune personnalité politique n'a directement utilisé ce terme, mais c'est bien ce que tout le monde a pensé en entendant le bout de phrase : « *Caïds immatures commandant à des gamins apeurés.* » Il faut dire que le mot racaille avait été remis au goût du jour, en 2005, par un Nicolas Sarkozy ministre de l'Intérieur lors d'une « sortie terrain » à Argenteuil. Le mot est devenu tendance. Avec toute sa force péjorative et excluante, il avait catalogué les habitants de banlieue confrontés alors au mépris de la République.

Immatures… apeurés. Ça sent la cour d'école. Des meneurs qui entraînent des suiveurs, mais les mots vont plus loin. Le ballet politique peut commencer. Julien Dray, l'un des fondateurs de SOS Racisme, réagit le premier. Il critique l'expression et, dans une lettre adressée à la ministre, parle de racisme ! Rien que ça. Le caïd, c'est la petite frappe de banlieue. Le mec de cité qui nous veut du mal, qui vient racketter le petit Blanc. L'extrême droite, les sites identitaires se régalent à l'avance du festin. Patrice Evra, Franck Ribéry, Éric Abidal, William Gallas, d'un côté. *Usual Suspects*. Yoann Gourcuff, Blanc, tête de gendre idéal et de victime, de l'autre. Le scénario s'écrit en direct. Et personne ne le lit autrement.

## *La France bafouée*

Gilles Dumas, de l'Institut SportLab, connecte les marques au monde du sport. Il décrypte les signes, les codes que renvoient le sport, et le foot en particulier : « *2010 est une rupture. 1998 avait été le mariage d'amour entre les Français et le foot, 2010 a été une forme de divorce. On aime toujours le foot, mais plus les joueurs. Les mots clés qui ressortent de nos études post-2010 sont négatifs. L'argent et le comportement des joueurs sont mis en avant. Le joueur est qualifié de mal élevé. Il n'aime pas le jeu, et n'a aucun respect pour les couleurs, pour le maillot.* »

C'est comme un rêve qui a été brisé. Gilles Dumas continue : « *Nos études montrent que le foot ramène toujours à l'enfance. Des choses qu'on avait notées même chez des dirigeants de foot. On est donc dans une notion de plaisir pur. Et si cette pureté est remise en cause par des mecs qui se comportent comme des sales gosses, ça devient profondément choquant.* »

En écho à l'analyse de SportLab, Kantar Sport, qui cherche également à savoir comment les gens perçoivent cette équipe de France, livre une étude similaire. Son directeur, Virgile Caillet, explique que les déboires des Bleus et l'attitude générale renvoyée ont touché l'orgueil national. « *Ce qui est mis en avant dans nos études, c'est cette image dégradée de la France aux yeux du monde, et les coupables sont ces gens privilégiés, qui touchent beaucoup d'argent et qui font un métier passionnant. Le rêve de la plupart des Français.* »

On revient au postulat des mecs mal élevés, des petits cons, des caïds immatures. Ceux qui, dans l'esprit du public, sont assimilés à des ambassadeurs de la France, ceux dont on attend qu'ils apportent une petite lueur d'espoir, qui plus est en période de crise, renvoient le spectateur à ses soucis, à son quotidien pourri. C'est comme si l'équipe de France de foot était devenue, dans un espace mondialisé de plus en plus rejeté par l'opinion, le dernier bastion de l'identité nationale, le dernier porteur des symboles du pays. Et ces symboles, une bande de racailles les foule aux pieds.

L'échiquier politique, prompt comme à chaque fois à récupérer l'événement, est une caricature. La sévérité est plus ou moins grande selon que l'on se déplace de l'extrême droite vers l'extrême gauche. Surtout ne pas être débordé. La polémique autour de l'hymne national sert de curseur. Faut-il ou non le chanter ? Discerner le bien du mal sur cette question est ardu. On explique que les anciens, ceux de la génération Platini, ne chantaient pas. C'est l'excuse fourre-tout. Comme si le temps était figé. En Italie, en Allemagne, durant les années 80, les joueurs ne chantaient pas non plus, alors que trente ans plus tard, ils le font, comme 95 % des sportifs de toutes les sélections. Mais les symboles nationaux sont toujours à manier avec délicatesse, en France. Abandonnés depuis tellement longtemps au Front national, ils sentent le pourri. Les agiter a d'ailleurs toujours été mal vu par la frange « bien-pensante » de l'opinion. La peur de la « bête immonde », de la France rance. Chacun fait ce qu'il veut, c'est vrai, et chanter *La Marseillaise* ne peut être une obligation. Mais peut-on sortir du schéma proposé, qui offre comme choix, soit de militer pour un lever de drapeau façon militaire et d'être un ringard tendance pétainiste, soit d'être le dernier combattant contre l'hystérie nationaliste ?

## *Le prol' contre la banlieue*

Christophe Guilluy est géographe, sociologue. Son livre, *Fractures Françaises*, fruit d'une longue étude sur le terrain, figurait en bonne place sur les tables de chevet des candidats Hollande et Sarkozy avant l'élection présidentielle de 2012. La lecture de cet ouvrage remarquable permet de faire connaissance avec une réalité française qui peut aider à comprendre le désamour du public à l'égard de l'équipe de France : « *La vraie réalité populaire est ce que j'appelle la France périphérique. Ce n'est pas que le périurbain, c'est surtout les petites villes, le rural. En gros, c'est la France blanche, mais aussi prolétaire. Du point de vue du chercheur, du journaliste, du politique, le prol' est en banlieue sauf que les trois-quarts des prol' ne sont pas là mais dans des petites villes, dans des zones rurales. C'est une autre France, celle qu'on ne voit pas, qu'on n'entend pas. Au contraire de la France des banlieues, qui est très médiatisée. Cette France est celle qui s'abstient de voter ou qui vote le plus FN et qui en a plein le cul de l'EDF "racailleuse", avec les écouteurs sur la tête. Et c'est pire quand ils apprennent que certains sont convertis à l'islam. On ne peut pas lire séparément la question sociale et la question identitaire.* »

Ainsi, si le foot est le divertissement attendu – celui qui va faire oublier le quotidien – et qu'il met en scène les mecs qui génèrent le plus d'anxiété dans la vie de tous les jours du quidam, le rejet va vite se manifester. C'est la théorie du travailleur français fatigué par le bruit et l'odeur évoqué par Jacques Chirac dans son discours d'Orléans en 1991, appliquée au football français.

## *Domenech forcément coupable...*

Sur la réalité de ce qu'il s'est passé durant cette Coupe du monde 2010, tout a été dit. Plusieurs récits tels *Chronique d'un désastre annoncée* de Vincent Duluc, le chef du foot à *L'Équipe*, ou *L'implosion* de l'ex médecin des Bleus, Jean-Pierre Paclet. Raymond Domenech, le sélectionneur de cette équipe honteuse, a lui aussi publié ses souvenirs afin de clarifier les faits. Loin des considérations sociétales et des interprétations, les coupables ont vite été identifiés. Le premier, c'est lui, Domenech. On a reproché à certains joueurs de ne pas chanter, alors que lui se forçait à le faire. Internationaliste tendance anar', il n'a que faire des symboles et de la représentation nationale. Il a souvent confié qu'entraîner la France ou un autre pays lui procurerait la même émotion. Avec ses amis éducateurs à Clairefontaine, André Merelle et Claude Dusseau, il a vécu pendant des années dans l'idée qu'un Noir va plus vite et saute plus haut qu'un Blanc. Ces grands théoriciens du corps humain sont les mêmes qui ont ensuite accusé Laurent Blanc, le nouveau sélectionneur, et François Blaquart, le nouveau DTN, de transpirer le racisme ordinaire. Ces derniers étaient effectivement tellement convaincus que choisir un joueur selon sa couleur était quasiment devenu un geste politique, histoire de faire chier les cons. À force de prendre tout le monde pour des cons, Domenech aurait dû un jour, au moins, se demander si par hasard on ne serait pas tous un peu le con de quelqu'un.

Celui que Zidane n'a jamais nommé a parfaitement contribué à ridiculiser l'équipe de France et à creuser le fossé qui allait apparaître entre les joueurs et le public en 2010. L'Euro 2008 minable, c'est lui. La gestion calamiteuse de la polémique autour de la « main » de Thierry Henry lors du match de barrage pour le Mondial France/Irlande, c'est lui. Et la gestion encore parfaite de l'affaire « Zahia », la prostituée mineure amie de Ribéry, c'est toujours lui. Le contexte autour des Bleus était donc déjà explosif avant même le début de la Coupe du monde.

En Afrique du Sud, pendant un mois, Domenech a entretenu la folie collective. Un managment basé sur l'isolement et la rupture avec l'extérieur. En quelque sorte, il a réussi. La suggestion collective, la dynamique de groupe, ont parfaitement fonctionné.

Mais contre le staff, contre le coach, pas contre l'adversaire sur le terrain. Domenech, c'est le sergent instructeur Hartman dans *Full Metal Jacket* de Stanley Kubrick. Face à lui, le soldat 2e classe Baleine, ce sont les vingt-trois Bleus, unis, ne faisant qu'un. Au lieu de s'enfermer dans les chiottes avant de tuer le chef et de se suicider, les Bleus se sont réfugiés dans un bus et ont fait grève. Domenech, qui dans son livre à succès règle ses comptes, balance les joueurs sans jamais nous dire pourquoi alors même qu'il voyait au fil de son mandat certains d'entre eux se comporter comme des vauriens, les convoquaient inlassablement.

Beaucoup d'observateurs avisés de la chose « Bleue » avaient noté que des failles existentielles dans le groupe étaient apparues un peu avant la Coupe du monde lors d'un stage en Tunisie. C'est là qu'est née la légende Ribéry/Gourcuff. Gourcuff, le jeune et beau meneur de jeu des Bleus. La « Nouvelle Star » comme le groupe Ribéry l'avait rebaptisé. Gourcuff est devenu le jeune Blanc qui baisse les yeux dans la rue devant les racailles. Son caractère le pousse à s'isoler, à ne pas s'affirmer. Il n'était pas fait pour cette équipe, ce football. Il n'a pas les codes. Mais il est tout ce que Ribéry ne peut pas aimer. Il porte beau, il parle bien et même sa femme, soucieuse de se venger de l'affaire Zahia, le lui fait remarquer. Trop dur à supporter pour le « Lascarface » de l'équipe de France.

À l'hôtel de luxe Peluza, l'isolement donnera l'illusion du sens commun. « 23 hommes en colère » avaient-ils écrit sous le poster des Bleus. « Tous ensemble vers un nouveau rêve bleu », disait le slogan.

## *Fin officielle de l'arnaque Black/Blanc/Beur*

Personne n'a réellement cherché à défendre cette équipe, ni même à lui trouver des circonstances atténuantes. En revanche, autour des leaders, les fameux *Usual Suspects*, il y a eu débat. La présence de Jérémy Toulalan dans le groupe de ceux qui ont fomenté la grève ne plombe-t-elle pas la thèse de ceux qui ont stigmatisé la personnalité des meneurs, leur origine sociale ? Toulalan, ce fils de la France provinciale, ce garçon sans histoires auquel on confierait le sac à main de sa grand-mère, qui demande à son avocat de rédiger la lettre des grévistes. C'est le château de cartes des « réacs » de tous bords qui s'effondre. Stéphane Beaud, sociologue et auteur de *Traîtres à la Nation*, a livré une étude notable sur la grève des joueurs. Un autre regard pour prêcher la bonne parole et couper l'herbe sous le pied de la France rance. Il consacre ainsi presque tout un chapitre à la présence aux premières loges de Toulalan dans cette grève. Mais il est sociologue et non psychologue et aurait pu s'interroger sur les réflexes inhérents à la vie de groupe.

Dans certains cas, une entente claire et ponctuelle peut exister à l'intérieur d'un groupe et elle est davantage attribuable à la dynamique collective ou à ce qu'on appelle la « puissance de la suggestion ». Cette histoire marquera d'ailleurs profondément Toulalan. Dans un état proche de la dépression, le joueur sera longtemps hors du coup, mettant de longs mois à revenir au foot. Les autres se serreront les coudes sans jamais parler de lui. Et, eux retrouveront très vite une vie quotidienne normale dans leur club. En 2010, on est donc très loin de la France fantasmée de 98. Très loin même, de cette France Black/Blanc/Beur qui était en réalité issue, comme l'affirme le sociologue Beaud, de la France rurale et ouvrière des Trente Glorieuses encore symbolisée par les enfants de cette génération qui transmettaient les valeurs de l'époque : le sens du collectif, une certaine forme d'humilité, le respect des anciens, l'amour du maillot bleu et l'amour de la patrie.

Le désamour est acté. L'avis de Vikash Dhorasoo, ex international, est fort. C'est un modéré, pas un fou extrémiste, politiquement à gauche : « *Non, je ne me reconnais pas parce qu'il n'y a pas de mixité. Cette équipe représente la France des banlieues, la France des ghettos, des quartiers populaires qui sont devenus très durs. Je viens d'un milieu ouvrier, mon père travaillait comme ceux de Deschamps ou de Blanc. Mais aujourd'hui, dans les quartiers populaires, le pouvoir a été abandonné aux caïds, et c'est ce qu'on retrouve en équipe de France. On voit un Gourcuff, un peu différent des autres, qui ne se reconnaît pas dans cette équipe. Cette équipe avance avec des valeurs comme l'individualisme, l'égoïsme, alors qu'on parle d'un sport collectif. Ce désintérêt pour l'autre, la division qui règne dans l'équipe, ça représente ce qui se passe dans la société.* »

## *Le foot dans l'espace moral*

L'autre grande question qui agite le landerneau du foot français depuis 2010, c'est celle de l'exemplarité. Les contorsions n'effraient absolument personne. Surtout pas ceux qui nous expliquaient à quel point la France de 98 était un modèle pour le monde entier. Une leçon d'intégration. Pour Pascal Boniface, le directeur de l'IRIS, une équipe de foot, c'était un élément de la diplomatie d'un pays. Douze ans plus tard, on en fait trop et il ne faut pas en demander autant à des jeunes joueurs. Entre-temps, la France a découvert la Culture Foot. Élément de son patrimoine culturel, reflet de la société comme ailleurs, dans les pays où le foot est une culture spécifique avec ses codes, son vocabulaire, ses rites, ses créations et productions artistiques. Le mensuel *So Foot* ou la revue *Les Cahiers du foot* sont nés en affirmant appartenir à ce mouvement. Mais pour d'obscures raisons politiques, pour défendre des idées et justement une vision de la société, d'un coup, le revirement s'est opéré. Non, le foot n'est pas si important et le joueur ne peut pas être un exemple. Jérôme Latta, rédacteur en chef des *Cahiers du Foot*, politise le débat : « *La sélection sert de nouveau de festin aux réactionnaires qui ne voulaient pas rater une si belle occasion d'agiter des stéréotypes pour exciter l'audience.* » *So Foot*, qui a pratiquement pour slogan la phrase de Bill Shankly, « *le foot, ce n'est pas une question de vie ou de mort, c'est bien plus important que cela* », trouve cette hystérie nationale dérisoire. Le foot, et par extension l'équipe de France, devient important quand la gauche qui pense juste le décide. Capital quand il faut dire que c'est la victoire du multiculturalisme, le foot devient secondaire quand quelques joueurs se comportent comme des racailles. Ne rien dire de peur de voir débouler la « bête immonde ». Pourtant, désormais, le magazine *Les Inrocks* fait parler des footeux et le monde intellectuel ne tourne plus le dos au foot : alors pourquoi ces revirements ? Et puis qui va décider de ce qui est un exemple ou pas ?

Pour le handballeur vedette de l'équipe de France Luc Abalo, cette Coupe du monde 2010 a changé beaucoup de choses. Il assume pleinement la dimension d'exemplarité du sportif. Dans un entretien accordé à *L'Équipe Mag* en septembre 2012, il déclarait en ce sens : « *Je crois à la puissance et à la force de l'image, à son exemplarité. Je suis noir et banlieusard et cela n'a pas été facile. J'ai toujours voulu qu'on fasse sauter les clichés trop facilement répandus sur ces profils. Cela nécessite de la mesure, du respect. J'essaye d'être comme ça pour prouver qu'on peut être noir, banlieusard et sain, et normal aussi.* »

Maxime Travert et Jean Griffet, de la Faculté des Sciences du Sport à l'Université d'Aix-Marseille, ont écrit un article très juste à ce propos : « *Le sport et l'éducation entretiennent une relation fusionnelle. Ce, dès l'origine, en jouant sur le respect de la hiérarchie, d'un code et du contrôle de l'engagement une pratique éducative. Émergent alors des figures qui incarnent totalement les effets bénéfiques qu'il peut produire. Elles deviennent des exemples à suivre et concentrent le caractère formateur de cette pratique.*
*La spectacularisation progressive du sport étend la portée de la signification de cette exemplarité. De simple modèle au rayonnement local, il devient une référence qui implique une communauté élargie. Une équipe nationale rassemble logiquement ceux qui méritent d'être imités… Pour que ce lien persiste et reste dynamique, deux principes doivent être respectés. Le premier, c'est la proximité entre ceux qui regardent et ceux qui se montrent. Le second est l'identification au modèle. La proximité se vit dans la similitude de l'expérience vécue par les spectateurs et les joueurs : une partie de football. L'identification implique un écart entre ce que l'on est et ce que l'on aspire à être : une habileté technique ; une disponibilité tactique ; une attitude. Bref, pour être emblématique, un sportif doit réunir deux qualités : être à la fois proche et différent… Les comportements de certains joueurs de notre équipe nationale de football se sont mis en rupture avec ce pacte de savoir-vivre et d'élégance. Le respect des hiérarchies, du code*

*de jeu, de l'engagement attendu, n'a pas été suffisant pour permettre de rêver. Ils ont été vivement condamnés. Au-delà du jugement moral, immédiat, leurs actes inversent la résonance éducative du sport de haut niveau… D'exemples potentiels, ils deviennent des alibis. En banalisant, par le spectacle de masse, des comportements inacceptables, ils instaurent un mode de défense pour ceux qui agiront comme eux. La proximité est toujours présente. Le modèle n'est plus le dépassement mais le repli sur la faute commise. Il ne permet pas de faire un pas en avant mais de sortir d'une situation délicate. Il n'est plus un objet de convoitise mais un simple recours de circonstance… On n'est plus sur la poursuite d'un idéal mais sur la gestion des vicissitudes de la vie quotidienne. Aujourd'hui encore, le souci est de préserver l'exemplarité du sport de haut niveau. Le choix des joueurs implique qu'ils soient compétents. Leur efficacité ne peut se limiter à la seule gestion du jeu. Elle doit intégrer également le respect de ceux qui les regardent et les supportent.* »

Ainsi, le foot passe d'un espace de jeu à un espace moral. Et c'est la Coupe du monde 98 qui a tout changé. Ce moment d'extase national partagé par tous les Français. Ce moment récupéré par tous les politiques, les intellectuels. Ce moment qui a fait basculer le foot et l'équipe de France dans un monde parallèle.

Comme le dit Joachim Barbier dans son livre *Ce Pays qui n'aime pas le foot*, « *les politiques et les médias ont construit ces valeurs d'exemplarité et de conduite autour du football, valeurs qui sont désormais ancrées dans les mentalités et gouvernent notre jugement du footballeur* ».

Pour aller plus loin, on pourrait avancer que l'exemplarité du footballeur repose sur l'idée qu'il renvoie une collectivité à sa propre image. Une image que cette collectivité fantasme peut-être. Ça rejoint la façon dont elle se voit, s'imagine. Cette réflexion nous ramène aux styles des équipes nationales. Et ce sont parfois des stéréotypes. Les Allemands se sentent en phase avec leur sélection, avec ce qu'elle dégage. L'Italie n'a jamais eu honte d'avoir été pendant des années une équipe défensive, inventrice d'un catenaccio moqué hors du pays. Arrigo Sacchi, coach qui a révolutionné cette approche du foot transalpin, expliquait que c'était en quelque sorte un symbole du pays. « *Nous, on était pauvres, ailleurs en Europe, ils étaient plus riches, alors il fallait qu'on se débrouille, qu'on joue comme on pouvait quitte à être à la limite de la triche. Et on n'avait pas honte de ça.* » Même en trichant, Maradona, avec sa « main de Dieu », est exemplaire parce qu'il renvoie aux Argentins, comme il l'a fait ensuite à Naples, l'image de peuples malheureux, mais qui prennent leur revanche sur le sort, grâce à la ruse.

Les propos sur la représentativité de cette équipe de France, Bernard Laporte les entend. Ancien joueur de rugby, ancien sélectionneur, il a été nommé secrétaire d'État chargé des Sports en octobre 2007. Un poste qu'il a occupé durant un peu plus d'un an et demi. Il aurait adoré être « aux affaires » au moment du Mondial 2010 dit-il : « *Oui, j'entends ce discours et ça me gêne. Le discours sur les racailles en Bleus, comment ne pas l'entendre, il est là, il existe, il ne faut pas l'ignorer. Et il faut le combattre avec des décisions fortes. La faillite de l'autorité, de l'institution fédérale, c'est d'abord ce qui a conduit au discours facile qu'on entend à chaque match de cette équipe de France. Si on ne fait rien, à chaque fois, on parlera de ça, de* La Marseillaise *qui n'est pas chantée. Et à chaque fois, on fera le parallèle avec le rugby, au détriment du foot. Ce discours facile me gêne. Selon moi, la solution doit venir d'en haut. Où est l'autorité ? Qui l'incarne ?* » Laporte relève des situations absolument surréalistes : « *Franck Ribéry qui s'invite dans une émission de télé, en claquettes, pour dire le contraire de ce qu'il va faire deux heures plus tard, à savoir la grève ! C'est incroyable. Comment a-t-on pu autoriser ça ? Comment peut-on en arriver à une telle vacance du pouvoir, à une telle incompétence ?* » Sur ce point, Roselyne Bachelot précise : « *La France privilégie la gérontocratie dans la vie politique et la Fédération française de football n'est pas différente. Ce sont des hommes âgés qui n'arrivent pas à s'adapter. Escalettes, Duchaussoy et toute la bande qui était là. J'ai vu des hommes perdus, totalement paumés. Il faut se poser la question de la gouvernance. Remettre en cause peut-être une valeur française qui fait que les gens se reproduisent dans les postes. Il y a un pouvoir exercé par des gens âgés qui sont là depuis très longtemps. Le système gérontocratique français est particulièrement mal adapté pour gérer une grande entreprise capitaliste.* »

### *Une plaie ouverte…*

La plaie de l'été 2010 n'a pas cicatrisé. Et l'image que l'équipe de France a renvoyée à son peuple a suscité un rejet proche du dégoût. Le Français ne voulait pas se voir représenté de cette façon. Les joueurs ont largement dérapé, mais l'absence d'autorité a tout validé. L'indulgence du monde du foot, qui s'est certes offusqué mais n'a finalement pas agi, a peut-être fait encore plus de mal et intensifié le désamour entre les Bleus et les Français. Après Domenech, Laurent Blanc est arrivé. Un joueur emblématique de France 98 pour nettoyer, raviver les couleurs. Mais Blanc n'a rien fait. Hormis se moquer du public en sanctionnant les 23 joueurs présents dans le bus pour un match amical en Norvège un mois plus tard. Rencontre que la plupart d'entre eux n'auraient pas pu disputer. La grande majorité de la famille du foot français voulait qu'on ne revoie plus jamais les grévistes en équipe de France. Pourtant, une minorité, dont Noël Le Graët, le vrai patron du foot français, a prôné l'indulgence, sans se soucier de ce que pensaient réellement les Français. Les études de l'Institut Kantar lui ont ensuite montré qu'il s'était certainement trompé. Mais la FFF est une démocratie privée. Elle n'a, a priori, pas à se soucier de ce que pense le monde extérieur.

Malek Boutih, député PS dans l'Essonne, s'agace de cette vision, de ce qu'il s'est passé avec cette équipe de France : « *Au lieu de s'interroger sur la réalité de la société française, au lieu de trouver des règles, au lieu de recadrer tout cela, au lieu de s'organiser, au lieu de travailler, on va chercher des boucs émissaires et on les livre à l'opinion publique en disant grosso modo que ce sont des petites frappes de banlieue et qu'ils abîment notre belle France. Parce que c'est de ça qu'il s'agit, non ?* »

# Intégration, désintégration

Karim Benzema est la star de l'équipe de France. Ainsi en ont décidé les médias, après la Coupe du monde 2010. Sa première qualité est surtout de ne pas avoir pris part à la catastrophe de Knysna. Les absents ont eu raison. Benzema, annoncé futur Ballon d'Or dès le début de sa carrière à Lyon, évolue au Real Madrid, marque des buts et fait figure de leader de l'équipe de France qui ira (sauf nouvelle désillusion) à la prochaine Coupe du monde au Brésil, en 2014. Par comparaison avec le reste des joueurs bleus, sa notoriété est sans égale. Seul Franck Ribéry peut lui contester le leadership. Mais dans le marasme des relations entre les joueurs de l'équipe de France et le public français, cette notoriété, calculée surtout grâce aux réseaux sociaux, est toute relative. Au royaume des aveugles, les borgnes sont rois.

Benzema ne dit rien. Il ne parle pas aux gens, il n'incarne rien et tente avant tout, et malgré lui, de remplir le vide que dégagent les Bleus. Ambassadeur de la marque Adidas, comme l'était avant lui Zidane, il navigue à des années-lumière de l'ancienne gloire des Bleus. Chez Adidas, Teddy Riner, champion de judo, Thierry Dusautoir, capitaine de l'équipe de France de rugby, Jérôme Fernandez, capitaine de l'équipe de France de hand-ball, Jo-Wilfried Tsonga, champion de tennis, sont des personnalités sous contrat avec la marque bien plus appréciées. Comme on dit en marketing, eux dégagent quelque chose, eux ont un charisme que Benzema n'aura jamais. L'attaquant des Bleus a pourtant un contrat plus important que les autres. Le foot reste quand même, et de loin, le sport le plus populaire.

## *Benzema et la honte d'être français*

Il paraît qu'une image, ça se travaille. Et si on est sincère, ça aide. Mais s'il y a bien un reproche qu'on ne peut pas faire à Benzema, c'est celui de ne pas être sincère. Il ne triche pas. Et c'est avec une parfaite constance que, dès le début de sa carrière en équipe de France, il a donné l'impression de s'ennuyer en Bleu. Son attitude, son visage, ses performances, ses silences, ses mots, rien n'a jamais dévié. Benzema semble dénué de passion, et pour tout dire affiche une nonchalance qui confine au « je-m'en-foutisme ». Son entourage assure qu'on est loin de la réalité et qu'aller plus loin donnerait du grain à moudre aux « fachos ». La belle affaire. Le « point Godwin ».

Il faut dire que l'histoire entre Benzema et les Bleus avait mal commencé. Des fiançailles ratées. En 2005, il a 18 ans et annonce son choix de jouer pour l'équipe de France. Il aurait pu évoluer sous les couleurs de l'Algérie. Invité de l'émission « Luis Attaque », sur *RMC*, le jeune joueur de l'OL est censé venir déclarer sa flamme aux Bleus. En substance, il déclare pourtant : « *J'ai choisi l'équipe de France pour le côté sportif, mais mon cœur, mon sang sont algériens.* »

La situation est assez banale. C'est celle de l'individu à la double nationalité qui s'affirme plus facilement dans son identité d'origine.

Et ce, même s'il est finalement très loin de cette identité. Benzema a toujours manié les symboles dans le même sens à ce sujet. Dans un clip diffusé dans l'émission « Téléfoot », par exemple. Les inscriptions du synthé à l'écran sont en vert, aux couleurs de l'Algérie, la musique est un rap aux sonorités arabisantes. Quand il fait une publicité pour une compagnie de téléphonie mobile, le joueur français pose sur les affiches « Buzz Mobile » avec le drapeau de son pays d'origine au-dessus de lui.

Benzema est en phase avec son univers spatio-temporel. Dans leur grande majorité, les jeunes des quartiers se revendiquent avant tout comme appartenant à leur communauté. L'identité, c'est celle du pays d'origine. Même s'il faut remonter d'une ou deux générations. Comme le disent certains directeurs de centres de formation, « *quand le gamin rentre chez lui, jamais il ne dira qu'il est français, c'est la honte !* »

## La Marseillaise, *ça se siffle*

Trois matchs internationaux ont profondément marqué la société française dans la première décennie des années 2000. France-Algérie, France-Maroc et France-Tunisie. Trois matchs au cours desquels *La Marseillaise* a été conspuée par un public en majorité composé de jeunes Français originaires des pays opposés à la France. En octobre 2008, pour la troisième de ces rencontres, la FFF avait voulu anticiper les problèmes. Le protocole fut adapté. On parle de « match de la paix » ! Rien que ça ! Les équipes entrent sur le terrain main dans la main. On mélange les joueurs.

On soigne les symboles. Hatem Ben Arfa, ex future star du foot français, est sélectionné. Français d'origine tunisienne, il joue le rôle de trait d'union. Enfin, la chanteuse franco-tunisienne Lââm doit entonner *a cappella La Marseillaise.* Les intentions étaient louables. Mais Ben Arfa est copieusement sifflé. Assimilé à un traître car portant le maillot bleu. Quant à l'hymne national, il est hué… comme prévu. Le lendemain, ces faits occupent la une de l'actualité. La ministre des Sports s'explique à l'Assemblée, le Premier ministre intervient dès 8 h 30 sur *RTL* pour manifester son mécontentement. Le président Sarkozy réunit tout le monde à l'Élysée. La droite s'offusque, la gauche aussi, mais un peu moins fort. Le futur ministre de l'Intérieur PS, Manuel Valls, s'exprime toutefois pour déclarer que la République et ses symboles sont intouchables. Le sujet truste alors le paysage médiatique français et devient une véritable affaire d'État. Le « buzz » est énorme et mobile. Et après ? Après ? Rien ! Une solution ? Bernard Laporte tente le coup avec la proposition de faire jouer les « matchs à risques » loin du Stade de France. L'ancien sélectionneur du XV de France est renvoyé dans ses 22 mètres. Jouons loin du 93, loin des quartiers, et on n'aura plus ce type de problème, voilà en d'autres termes la proposition de Laporte. Recalé. Le pauvre secrétaire d'État chargé des Sports ne passe alors pas loin de l'étiquette de « facho de service ». Les médias de gauche ont la sentence facile sur ces sujets.

Et parce qu'un ministre, ça va sur le terrain, Laporte se rend au Red Star 93. Accueilli par le président du club, Patrice Haddad, il vient à la rencontre des jeunes. Des gamins âgés d'une dizaine d'années. Des enfants de banlieue qui vont tenter de lui donner une solution : « *Y a qu'à plus jouer contre des équipes de pays d'Afrique ou du Maghreb.* » Un autre parle des « *pays avec lesquels la France a eu un problème* ». Il inclut la Corse, en se référant à la finale de la Coupe de France entre Bastia et Lorient, en mai 2002. À cette occasion, *La Marseillaise* avait effectivement été sifflée par les supporters corses.

Rémi Garde est l'entraîneur de l'Olympique Lyonnais. Longtemps cadre du club, puis directeur du centre de formation, il a bien connu Karim Benzema, formé au club. Un jeune sans histoires, apprécié de tous, devenu espoir puis star du club, avant d'être vendu au Real Madrid. Quand on lui parle du rapport qu'entretient le joueur avec l'équipe de France, de son refus de chanter *La Marseillaise*, Garde semble gêné mais répond franchement, sans chercher à éviter la question, comme le font beaucoup d'acteurs du monde du foot : « *Est-ce qu'on ne demande pas trop de choses à cette génération de joueurs ? Chanter à tue-tête les valeurs d'un pays qui ne sont peut-être pas présentes dans leur famille, dans leur histoire. Je cherche à comprendre. Pourquoi Benzema, qui a bénéficié de tout, n'a pas envie de dire merci au pays qui l'a révélé ? Mais est-ce que Benzema le sait, tout ça ?* »

## *Le foot et l'identité nationale*

Patrick Mignon est sociologue. Politiquement, il se situe « *plutôt à gauche* ». Notamment responsable du Laboratoire de sociologie du sport de l'INSEP, il s'intéresse de très près au foot, au point de compter parmi les conseillers du nouveau président de la

Ligue de Paris, Jamel Sandjak : « *Il faut analyser ces questions en les plaçant dans un contexte plus large. Il apparaît évident aujourd'hui qu'une partie de la société a des attentes vis-à-vis du football. Il existe clairement des enjeux sociaux. Par exemple, dans la dernière décennie, on relève que le sport et la représentation nationale sont liés. On se pose des questions sur l'équipe nationale, sur l'hymne, qu'on ne se serait pas posées il y a vingt ans. Et si on remonte aux années 80, on observe que le sport, dans un contexte de crise sociale, d'intégration, est déjà mis en avant comme moyen pour régler ces problèmes. Le sport subit alors une grosse pression.* »

Patrick Mignon confirme qu'il existe une crispation évidente aujourd'hui autour d'une question : « Qu'est-ce que l'identité nationale ? »

Le politique se demande alors de quelle façon il doit gérer les réactions du spectateur. Pourquoi est-il fâché ? À cause des mauvais résultats ? Est ce qu'il interprète ces mauvais résultats comme étant la résultante d'une décomposition de la société et du lien social ? Est-il aussi fâché parce que le footeux n'est plus le produit exemplaire d'une éducation sportive ? Mignon poursuit : « *Le premier qui a parlé d'idéologie en parlant de l'équipe de France de foot, c'est Le Pen. Il dit, en gros, ces joueurs n'aiment pas la France.* »

Un discours qui glissera vers une autre question, celle de la représentativité de cette équipe. À ce sujet, Georges Frêche, membre du PS et président de la Région Languedoc-Roussillon, déclara, en novembre 2007, dans un entretien accordé au journal

*Midi Libre* : « *Dans cette équipe de France, il y a neuf Blacks sur onze, la normalité, ce serait trois ou quatre, ça serait plus représentatif de la société française. S'il y en a autant, c'est que les Blancs sont nuls, j'ai honte pour mon pays.* »

Deux ans plus tôt, à la suite des émeutes dans les banlieues françaises, le philosophe Alain Finkielkraut donna une interview au quotidien israélien *Haaretz*, dont la traduction d'extraits par le quotidien *Le Monde* déboucha sur une grosse polémique : « *En France, on aimerait bien réduire ces émeutes à leur dimension sociale, les voir comme une révolte des jeunes des banlieues contre leur situation, contre la discrimination dont ils souffrent, contre le chômage. Le problème est que la plupart de ces jeunes sont des Noirs ou des Arabes avec une identité musulmane. Regardez ! En France, il y a aussi des immigrés dont la situation est difficile – des Chinois, des Vietnamiens, des Portugais –, et ils ne prennent pas part aux émeutes. C'est pourquoi il est clair que cette révolte a un caractère ethnique et religieux.* » Puis, en faisant le lien avec le foot, il ajoute : « *Les gens disent que l'équipe nationale française est admirée par tous parce qu'elle est black/blanc/beur. En fait, l'équipe de France est aujourd'hui black/black/black, ce qui provoque des ricanements dans toute l'Europe.* »

Durant ce début des années 2000, la question de la nationalité est devenue centrale dans le pays. Et il ne s'agit pas seulement d'une question posée aux jeunes immigrés de banlieues mais globalement d'une question nationale. Pendant près de neuf ans, l'espace public est occupé par des événements qui ramènent à ces questions. Voici une chronologie non exhaustive :

– France-Algérie, en 2001.
– Élection présidentielle de 2002 et présence de Jean-Marie Le Pen au second tour.
– Émeutes en banlieues, en 2005.
– Intervention de Nicolas Sarkozy, en 2005, à Argenteuil, au sujet des « racailles ».
– Création par décret du ministère de l'Immigration et de l'Identité nationale en mai 2007.
– France-Maroc, en novembre 2007.
– France-Tunisie, en octobre 2008.
– Coupe du monde 2010.

Si on ajoute à cela les différents commentaires, les polémiques dans les médias et autres interventions fortes et marquantes comme celles de Frêche et de Finkielkraut précitées, on tient alors l'un des thèmes les plus fédérateurs de la société française du début du XXIe siècle.

## *Montée du communautarisme*

Pour Patrick Mignon, c'est quelque chose de nouveau : « *Quand on compare la France à l'Angleterre ou à l'Allemagne, par exemple, on sent que l'expression du sentiment national est moins nettement affirmée. La revendication d'être français n'est pas quelque chose qui va de soi. En France, il y a une tradition de pensée universaliste qui est de dire : on est le modèle universel, notre système est le meilleur. Le divorce entre l'équipe de France et son public, c'est aussi le moment où on dit : mais notre réalité, c'est l'Europe, c'est le monde. Et comment on se situe dans cette réalité.* »

Ces questions concernent évidemment SOS Racisme. En allant rencontrer Hermann Ebongue, son vice-président, je m'attendais à entendre le discours angélique et indulgent de circonstance. Une promotion de la diversité et du pluralisme. Visiblement, la réflexion de l'association a beaucoup évolué depuis les années 80. Hermann Ebongue tient d'ailleurs un discours plutôt inattendu : « *Effectivement, il y a un désamour autour de cette équipe qui s'explique par le contexte socio-politique. On est face à des expressions personnelles qui prennent le dessus sur l'expression nationale, l'amour national. Il en résulte un manque de repères. Ceux-ci deviennent communautaires, religieux. Il faut travailler là-dessus, il ne faut pas négliger ces éléments parce qu'ils ont des conséquences sur le sportif et sur l'image.* »

Ebongue sait que le sujet de fond reste la question de l'intégration, de l'appartenance à la République. Certains jeunes ont ressenti un sentiment de rejet de la part de la République au point de se retrouver autour de repères ethniques ou sociaux comme la cité. On relève aussi un attachement fort à des repères religieux liés à des origines. Il y a une absence d'élément rassembleur, or c'est le rôle de la République.

Le 20 octobre 2012, Jamel Sandjak a été élu président de la puissante Ligue de Paris Île-de-France. Directeur général de l'Olympique de Noisy-le-Sec (club de CFA 2), président du district de Seine-Saint-Denis, cet ancien modeste joueur de foot professionnel poursuit une ascension qui pourrait le mener encore plus haut dans la hiérarchie du football français. Son élection à la tête de la plus importante Ligue du pays fut qualifiée, sans plus de détails explicatifs, de « *sensationnelle et révolutionnaire* » par le quotidien *Le Parisien*. C'est dans son ancien bureau du District 93 qu'il reçoit. Un bureau logé dans un immeuble modeste en bordure de l'Autoroute A3. Il faut passer devant plusieurs fois pour avoir la certitude d'être bien devant un bâtiment officiel. Encore loin de Paris, cet homme d'origine algérienne, élégant et cultivé, déborde d'énergie. Les problèmes du foot français, la banlieue, son lien étroit avec le foot, comme il dit, il a « *les pieds dedans* » depuis des années. Le joueur de foot français, son extraction sociale, le problème de « l'attitude », son identité qui pose (ou non) problème, la façon dont il est perçu dans l'opinion, le sujet le passionne. Il est même au centre de sa réflexion.

« *Je me suis engueulé avec Djamel Bouras, quand en 1996, il a dédié sa médaille aux musulmans ; je me suis énervé, je lui ai dit : mais tu rêves, toi ! Cela veut dire qu'en contrepartie, tu ne la dédies pas aux autres, c'est cela que ça veut dire ? Mais qu'est-ce que c'est que cette position ? Va en Algérie, va là-bas, va te former là-bas, envoie tes mômes là-bas, il y a des centres d'entraînement. Pourquoi tu restes ici ? À partir du moment où tu es ici, tu remercies tout le monde. C'est cela qui est beau, c'est tout le monde, c'est encore plus fort. Si tu dis ça, on va penser quoi ? Qu'à l'inverse, Douillet, c'est pour les bons Blancs ? Parce que des gens ne manqueront pas de l'interpréter comme cela.* »

Sur le sujet du communautarisme, Jamel Sandjak se veut sans ambiguïté et ne veut pas être enfermé dans ses origines. Pourtant, lors de son élection à la Ligue de Paris, les premières questions auxquelles il a dû répondre tournaient autour de ce sujet. Et à ses opposants, qui redoutaient une arrivée du communautarisme à la Ligue, il répondit que « *la Ligue était maintenant à l'image des clubs, multiculturelle, et qu'il serait le président de tout le monde* ».

Un peu à l'image de ce qu'avait fait Bouras, en 1996, Samir Nasri s'est également illustré pour le moins négativement aux yeux du nouveau président de la Ligue de Paris. Quelques semaines après avoir été vertement critiqué pour son attitude, lors de l'Euro 2012, Nasri a rejoint son club de Manchester City. Le 19 août, pour la première journée du championnat anglais, Nasri marque un but contre Southampton. Un but qu'il célèbre en levant son maillot. Il laisse alors apparaître un tee-shirt sur lequel on peut lire « Eid Mubarak ». Nasri souhaite ainsi une bonne fête de l'Aïd aux musulmans. Un geste somme toute sympathique de prime abord, mais faut-il avoir l'esprit tordu pour y déceler une provocation ?

Samir Nasri est professionnel depuis près de huit ans, et jamais il n'avait affiché son appartenance religieuse. Mais là, quelques semaines après les polémiques de l'Euro, après les lourdes critiques des médias français, est-il permis d'établir un lien ? Le joueur aurait-il pu élaborer un raisonnement du style « la France m'a rejeté alors je retourne à mes origines » ?

Député européen et ancien joueur de foot professionnel, Karim Zéribi connaît bien la famille de Samir Nasri. Il écarte d'un revers de main la question de l'intégration, du jeune de banlieue en difficulté. « *Avec Nasri, on est loin du fantasme de la petite racaille.*

*Né en France, de parents nés en France, il n'est pas question d'intégration ! Aujourd'hui, la France perd et on va chercher les causes en banlieue. Nasri, ce n'est pas la banlieue, il jouait à Septèmes-les-Vallons, une petite commune à côté de Marseille. Nasri n'est pas un banlieusard, ça n'a rien à voir avec le 93, il vient d'une famille apaisée, tranquille. Nasri n'a pas été élevé comme ça. Il s'est mis dans la peau de quelqu'un d'autre. Nasri joue le jeu d'un système de "peopolisation". Il met en avant la religion. Mais Samir, dans son comportement, n'est pas conforme à la façon dont il a été élevé par sa famille. Le décalage est terrible. L'équipe de France a donné le sentiment que c'était la banlieue qui prenait la main avec ses codes. La loi de la jungle, la loi du plus fort, le non-respect qu'eux appellent respect.* »

Samir Nasri provocateur, en désaccord avec son père venu sur *RMC* pour dire qu'il ne comprenait pas l'attitude de son fils, Sandjak partage l'idée : « *Pourquoi il le fait là ? Est-ce qu'à ce moment-là, il n'est pas porte-drapeau de toute une jeunesse qui va le regarder et qui va dire qu'il a emmerdé la France en faisant ça ?* »

Jamel Sandjak se bat tous les jours contre les images et les raccourcis, malheureusement pas si courts, au sujet de la banlieue : « *Quand on a fait les premiers reportages sur nous et ce qu'on faisait à Noisy-le-Sec, je disais que chez nous, il y avait des modèles positifs et des modèles négatifs. En Seine-Saint-Denis ou dans d'autres banlieues, des mecs qui vendent de la came, par exemple, ce sont des modèles négatifs. Ils disent aux mômes de faire dans l'argent facile, de ne pas aller se faire chier à l'école. Nous, on s'est battus contre ça. On a milité pour le travail, l'école. Les symboles deviennent alors très importants. Un seul geste peut devenir capital dans ce qu'il va signifier. Et quand Nasri fait ça, il perd la notion du geste. Il ne se rend pas compte qu'il y a des milliers de mômes qui vont interpréter ça d'une certaine façon, avec leurs faiblesses, leur cerveau à eux.* »

En matière de symboles, il arrive aussi que la République ne soit pas exemplaire. C'est le cas quand, peu après les émeutes des banlieues de 2005, le ministre de l'Intérieur Nicolas Sarkozy se rend en bas d'une cité et parle de « *tout nettoyer au Kärcher* ». L'émission « Arrêt sur Images » a beau expliquer, par le biais du journaliste éditorialiste à *Libération* Daniel Schneidermann, que les propos sont mal interprétés, le message reçu est totalement négatif.

Hermann Ebongue revient sur cet épisode : « *Il y a de vrais ennemis de la République qui n'attendent que des fissures pour porter un discours de haine vis-à-vis de la France. Le président a alors envoyé un message négatif, de rejet. On ne peut pas faire ça si on veut être sans pitié par rapport à ceux qui cassent et ne respectent pas la France.* »

Le communautarisme galopant, voilà donc le mal identifié. Accentué par l'extraction sociale du joueur de foot d'aujourd'hui. À 70-80 %, il vient de chez nous, confirme Sandjak. Dans ces quartiers, comme disait Jamel Debbouze, l'ascenseur social est « *bloqué au sous-sol et il sent la pisse* ». Et dans cet ascenseur, le foot est devenu l'un des rares boutons qui fonctionnent.

## *Le foot enfermé*

Le foot risque-t-il, de fait, une ghettoïsation ? Alors que j'aborde le problème avec Jamel Sandjak, il me demande de poser ma question franchement, sans tourner autour du pot : « *Tu veux savoir si le petit Blanc délaisse le foot, c'est ça ? Oui, le risque d'une ghettoïsation existe et il faut faire attention. Et oui aussi, le "petit Blanc" vient de moins en moins au foot.* »

L'ex ministre des Sports Roselyne Bachelot ne dit pas autre chose : « *Le football est un melting-pot particulier, une voie de promotion sociale pour les plus défavorisés. Il est certain que le foot ne fait pas rêver les jeunes bourgeois ou ceux de la classe moyenne. L'origine de nos footballeurs fait que, en quelque sorte, ils ne se reconnaissent pas dans le modèle de la République. L'histoire de* La Marseillaise *n'est pas anodine. Le foot amène implicitement la France à se questionner sur les valeurs de l'universalisme républicain.* » Un modèle que le foot, via une exploitation politique erronée, a repoussé pour privilégier le modèle Black/Blanc/Beur de France 98. Au lieu de vendre la République, on a vendu la diversité.

Le fossé s'est creusé. Les deux mondes se sont éloignés. La discussion est *off* mais n'en demeure pas moins édifiante. Une personne très proche de Karim Benzema s'agace de ce rapport entre les footeux banlieusards et une majorité du public : « *Je ne crois pas que la France soit raciste, mais on peut se poser des questions. Au Stade de France, le public veut Olivier Giroud. Mais c'est qui Giroud ? Il a fait quoi, Giroud ? C'est comparable à Karim ? Les médias préfèrent Giroud, mais pourquoi ? Les mêmes médias, les mêmes gens qui taillent Nasri, Ben Arfa et Karim ! Il y a un problème avec les Rebeus, non ? Avec la religion. Ribéry, c'est pareil. On lui en veut parce qu'il s'est converti. Karim, il a donné à la France mais en retour, la France, elle lui a donné quoi ? Ces critiques me fatiguent. Et Ménez, c'est pareil. Heureusement qu'il ne s'appelle pas*

*Rachid.* » Lui dire que, justement, Jérémy Ménez est critiqué et qu'il ne s'appelle pas Rachid devrait donc le rassurer, mais ça ne sert pas à grand-chose. Le dialogue est difficile.

## *Ribéry : l'intégration à l'envers*

Franck Ribéry ou l'étrange destin. Passé de chouchou des Français, en 2006, à « caïd » détesté en quatre ans. Né à Boulogne-sur-Mer, en 1983, Ribéry a grandi dans le quartier défavorisé du Chemin Vert, zone urbaine sensible et zone de sécurité prioritaire. Lui aussi a choisi de manier les symboles sans modération. Après s'être converti, en 2006, il a adopté les origines de sa femme, Wahiba, musulmane d'origine algérienne. Ribéry, c'est l'histoire étrange d'une intégration à l'envers. Rien n'obligeait le joueur à pousser l'identification jusqu'à poser avec le drapeau algérien et à affirmer qu'il adorait ce pays. Adoration qu'il n'a jamais révélée pour la France. Pour « l'ami » de Benzema, on frise encore le racisme trop présent en France. Évoquer Zidane, l'idole nationale. Le classement des Français préférés des Français du *JDD*, qui met en avant Omar Sy et Jamel Debbouze, est également vain. Pourquoi ne pas lui vendre que le couscous est le plat préféré des Français, tant qu'on y est !

Bien plus apaisés, les propos du joueur de Montpellier Younès Belhanda traduisent néanmoins un vrai malaise : « *Dans la vie, il faut donner une bonne image de soi, surtout quand on est maghrébin. Ça me déplairait qu'on dise que Belhanda est agressif et mal élevé parce que c'est un Arabe. Nous, les fils d'immigrés, nous sommes souvent montrés du doigt.*

*Même si nous sommes nés en France, on n'est pas toujours considérés comme de vrais Français. Nous sommes plus visés que les Blancs. Depuis qu'on est tout petits, on est poussés à faire plus attention en raison de nos origines. Et comme je suis connu, je dois faire attention et ne pas donner le bâton pour me faire battre. Si je suis montré du doigt, à travers moi, ce sont tous les enfants d'immigrés, arabes ou africains, qui seront salis, et ça me ferait mal.* »

## *L'échec du modèle français*

Quelle histoire a-t-on raconté à ces jeunes Français ? C'est alors la question subséquente. À la lumière des réponses, l'échec du modèle républicain devient évident.

À ce sujet, Hermann Ebongue affirme qu'il faut « *travailler sur la question de l'appartenance à la République. Expliquer ce que signifie porter le maillot bleu. Et ce, avec toute la rigueur possible, pour que les uns et les autres comprennent qu'ils jouent pour 60 millions de personnes. Je n'ai pas l'impression qu'ils comprennent que c'est tous les Français qui les soutiennent et qu'ils ont donc une responsabilité vis-à-vis de ça. Quand tu portes les couleurs de l'équipe de France, tu n'as pas besoin de faire le rebelle. Le maillot de ton pays, il faut le respecter. Certains ne le comprennent visiblement pas* ».

Hermann Ebongue va beaucoup sur le terrain. Il visite les clubs, échange avec les dirigeants, les jeunes joueurs. Dans le cadre de son activité, lors d'une rencontre avec des jeunes baptisée « journée du respect », il a tenté une expérience grâce à une vidéo montrant différentes attitudes de joueurs de foot. Il notait et étudiait les réactions des uns et des autres face aux images proposées. Au moment où apparaît l'image du « coup de boule » de Zidane, en finale de la Coupe du monde 2006, tous les jeunes présents ont applaudi. Un échange s'est alors amorcé pour comprendre la nature de cet enthousiasme. Les réponses sont claires. Les jeunes expliquent que le joueur italien a insulté la mère de Zidane. Ils expliquent que Zidane est arabe. Les questions du racisme, de l'honneur, sont alors mises en avant. Zidane est comme eux, victime du racisme. Cela les renvoie à leur quotidien. Et Zidane envoie le message qu'il faut répondre par la violence. Si vous êtes victime de ça, faites-vous justice vous-même. Le coup de boule de Zidane est pour certains devenu un acte antiraciste.

Sur les nouvelles revendications de l'équipe de France et ses problèmes d'identification, qui l'éloignent du public, Réda Didi, de l'association « Graines de France », porte un regard lucide et assez sévère : « *Ces mecs gagnent beaucoup d'argent, se revendiquent comme musulmans. Mais je ne suis pas sûr qu'ils sachent ce qu'est l'islam. Je suis quasi-convaincu que c'est un islam oral, de transmission, très stérile et superficiel. Ça devient une mode. Ce sont de drôles de musulmans aux comportements qui, moralement, vont à l'encontre de ce que l'islam préconise. Ces mecs sont perdus.* »

Selon lui, cette équipe symbolise l'échec de la République à travers un miroir grossissant. Il faut analyser les dysfonctionnements, les erreurs qui sont commises à la FFF. Et l'on se rendra alors compte que c'est un phénomène de société qui nous implose à la gueule.

Ce travail n'est pas fait. Cette réalité n'est pas regardée. Un travail politique doit être accompli, et pas seulement un travail de la part des formateurs du foot. C'est un travail de la société.

Député PS de l'Essonne, Malek Boutih se montre plus mesuré : « *Ils savent ce qu'est l'histoire qu'on leur a racontée à l'école, même un peu, et même s'ils ont décroché assez vite. Simplement, tout le réel est l'inverse de ce qu'on leur a raconté. Toute la vie citoyenne est l'inverse. C'est ce que l'on entend partout. Puisque l'on parle par exemple de cette jeunesse dans les banlieues, qu'est-ce qu'elle dit principalement, en politique ? Toutes régions confondues, toutes cités de France confondues, elle dit : liberté, égalité et fraternité, la République, les institutions, tout cela, c'est un artifice ; tout est faux, tout est une sorte de théâtre dans lequel vous, vous en profitez, et nous, on est mis à la marge. Donc, eux n'adhèrent pas à ces valeurs.* »

L'ex international Lilian Thuram, quant à lui, va plus loin, avec un discours quasi-extrémiste sur la France raciste qui doit analyser son passé. Hermann Ebongue lui répond de façon virulente : « *Il ne faut stigmatiser personne, mais quand ils répondent que c'est le passé de la France qui est responsable, je dis stop ! C'est du pipeau. J'entends les sociologues qui parlent de ça. Mais dans notre contexte, dites-moi en quoi le passé colonial va régler les problèmes du futur. Je suis en désaccord avec ces gens qui, pour régler l'avenir de gamins qui n'ont jamais connu ces phénomènes, veulent revenir en arrière. Oui, il faut en parler dans les livres d'histoire, mais dire que c'est l'élément qui va régler les problèmes de demain, ça me sidère. Il s'agit de leur avenir, des générations futures, mais qu'est-ce qu'ils en savent du passé colonial, ce n'est pas leur avenir. Je suis en désaccord avec ces sociologues de gauche, qui ont des analyses simplistes. Tout comme Thuram, du reste. On peut tout dire mais il y a des lois, dans la République. Et quoi qu'on en pense, il faut les respecter sans excuses ou victimisation. Maintenant, la République doit répondre. Sinon, ceux qui sont dans cette logique de rejet seront confortés. La République doit trouver des exemples, des modèles, et dire, voilà le chemin à suivre.* »

Écrire ou réécrire le roman national. Dans les centres de formation pour jeunes footeux, on explique logiquement que cette mission ne peut leur incomber. « *On essaye, pourtant, mais est-ce à nous de faire ça ?* », disent-ils.

Alain Finkielkraut, qui a beaucoup fustigé les footballeurs français, parle de l'école, de son rôle. De la disparition de l'autorité, de la verticalité. Il parle de Charles Péguy et de l'instituteur, le « hussard noir » de la III^e^ République. Dans son livre *Traîtres à la nation ?*, le sociologue Stéphane Beaud présente justement Aimé Jacquet comme un vestige de cette France. Jacquet le hussard noir de l'équipe de France.

Pour le politologue et géographe Christophe Guilluy, il faut arrêter de se raconter des histoires : « *Nous sommes dans le refus de dire que la France est devenue une société multiculturelle. Il y a toujours cette idée que nous, nous faisons différemment par rapport aux Anglais ou aux Américains.* » Aujourd'hui, on porte son identité, son pays d'origine, comme une bannière. Comme on va porter sa région en Espagne ou en Italie. On retrouve partout ce retour de l'identitaire, quelles que soient les communautés touchées. C'est devenu une norme. Pourquoi parle-t-on davantage de l'islam que des autres ? Parce que la croissance et les revendications de cette communauté existent. La France est en mutation et doit assimiler son évolution vers une société multiculturelle. Un pays où l'autre ne devient pas soi. Le spectateur français, élevé à l'idée républicaine, doit cesser de penser que Benzema deviendra à un moment donné exactement comme lui. Durant cette mutation, l'exploitation politique bat son plein. C'est le festin. Quand Samir Nasri, lors de l'Euro, a marqué puis mis son doigt devant la bouche avant de crier « *Ferme ta gueule* » à un journaliste, c'est le supporter tricolore qui s'est senti visé par cette attitude. Un journaliste du *Nouvel Observateur* a écrit le lendemain que, en faisant ce geste, Nasri devait se douter qu'il ferait de la pub au FN. Les sites d'extrême droite se sont en effet régalés. Sur Google, le moteur de recherche associe immédiatement les mots Nasri et racaille ! Et Malek Boutih de s'agacer des propos du *Nouvel Obs* : « *Mais, il ne se rend pas compte qu'en disant ça, c'est lui justement qui fait le jeu du FN ? Sa remarque, elle est justement raciste.* » Boutih a raison, et ethniciser le geste de Nasri, voilà effectivement bien la faute suprême ! Mais dans le même temps, critiquer l'attitude « racailleuse » de certains joueurs doit-il conduire à l'échafaud antiraciste.

Revenons à Christophe Guilluy, et plus précisément à son analyse sur l'incompréhension française : « *Je crois qu'au fond, la société française est hyper tolérante. Prenons toutefois un exemple. Tout le monde est d'accord pour dire que l'on a besoin de logements sociaux mais personne n'a envie de vivre à côté d'une famille de Tchétchènes. Ce n'est pas du racisme, c'est anthropologique. Sur l'immigration, sur la question ethnique, sur la question raciale, nous sommes tous pareils : Blancs, Noirs, Beurs. Les gens sont anxieux.* »

Durant les années 80, la gauche a entamé un virage libéral pour abandonner progressivement la question sociale, en lui substituant la question de la diversité. Valoriser l'origine par rapport à la classe sociale, c'est l'idée d'alors.

« *C'est exactement ça, et quand, en plus, les clivages sociaux percutent les clivages ethniques, c'est potentiellement explosif. La solution est de ramener la question sociale à ce qu'elle est. Le problème, ce n'est pas seulement les banlieues, c'est aussi de se demander ce qu'on fait du petit Blanc* », continue Guilluy.

On peut alors se demander si les trois matchs France-Algérie, France-Maroc et France-Tunisie ne sont pas plus importants que ce qu'il s'est passé en Afrique du Sud. Mis bout à bout, ces événements sont une terrible claque dans la gueule dont il est illusoire de penser qu'ils n'auront pas de conséquences sur le regard négatif que l'opinion va poser sur le foot français.

Très récemment a été publié le livre *Pourquoi moi ? L'expérience des discriminations*, par François Dubet. Sa conclusion à notre sujet est absolument lucide : « *Nous vivons une transition d'une importance considérable. La France, y compris laïque et républicaine, a toujours aimé se représenter comme une société de civilisation chrétienne, blanche, homogène, intégrée culturellement dans une nation. Mais, depuis trente ans, elle est devenue plurielle. Face à cette révolution, il y a ceux qui se réfugient à l'extrême droite sans être forcément xénophobes, parce qu'ils veulent revenir dans la communauté nationale qu'ils ont rêvée ; et ceux, plus à gauche, qui souhaitent renouer avec la République de jadis. Mais ni les uns, ni les autres ne retrouveront "leur" France. Cela, nous avons du mal à l'admettre, nous, Français, parce que nous sommes plus républicains et nationaux qu'aucun autre pays d'Europe.* »

# The World is yours

« *J'ai été dépassé par le succès de* Scarface, *devenu une icône dans les ghettos du monde entier : un modèle de réussite par le capitalisme le plus sauvage. Jamais je n'aurais pu penser que ce film aurait eu un tel impact auprès des jeunes.* » Voilà le commentaire que livrait le réalisateur Brian De Palma au sujet de son film culte, au début de l'année 2013, en pleine promo de son nouveau film, *Passion*.

*Scarface* est une histoire finalement très morale où le personnage principal – une ordure –, incarné par Al Pacino, termine seul et criblé de balles. Pourtant, les légions de rappeurs qui s'identifient à lui et entretiennent le mythe ne veulent retenir que l'ascension, le pouvoir ou le vertige de l'argent facile. Et même si la référence *Scarface* est moins en vogue aujourd'hui, elle reste vive dans les « quartiers » et les ghettos de beaucoup de villes dans le monde. Ce film a littéralement fait vriller le cerveau d'une génération qui a fait abstraction de la fin du film pour n'en garder que le côté fascinant du personnage.

*The World is yours*. C'est le rêve de Tony Montana/ Scarface quand il débarque à Miami. Ces mots, véritable slogan publicitaire, deviendront sa philosophie de vie. Ajoutez à cela une réplique du film (« *J'ai des mains faites pour l'or et elles sont dans la merde* ») et deux citations (« *Le pouvoir ne se donne pas, il se prend* » et « *Tout ce qui ne tue pas rend plus fort* »), et vous avez le bagage culturel de la grande majorité des joueurs de foot.

Sylvain Bergère et Nicolas Lesoult ont réalisé un documentaire qui étudie les répercussions du film *Scarface* sur les banlieues françaises. Dans ce doc, « Génération Scarface », l'ex président de SOS Racisme, Dominique Sopo, explique que si les politiques français veulent comprendre les banlieues françaises, ils doivent regarder ce film. Le sociologue Michel Kokoreff évoque, lui, plus précisément un milieu codifié, ignoré des classes moyennes et davantage encore des élites. Un milieu finalement loin d'être anomique, mais où les règles, si elles existent, sont différentes. Il parle aussi de ce désir de frustration qui donne envie de s'en sortir même si, parfois, il faut user de moyens marginaux.

## *Le respect des codes racailles...*

Le foot aime à se raconter sur le ton du « c'était mieux avant ». Un avant qui fait visiblement la part belle à une verticalité aujourd'hui disparue. Une hiérarchie claire mettant en avant « l'ancien ». En février 2013, dans *L'Équipe Mag*, Mathieu Valbuena, qui n'a pourtant que 29 ans, expliquait : « *Les jeunes aujourd'hui ne sont plus à l'écoute. Avant, c'était plus strict. Quand j'arrivais en retard, j'avais trop peur. Là, ils payent l'amende et c'est terminé. Il y a plus de laisser-aller. Je n'adhère pas à ce laxisme. On ne peut plus rien leur dire sinon ils le prennent mal. Si j'avais agi comme eux, je ne serais jamais arrivé où je suis aujourd'hui...* »

L'attaquant de l'OL Bafétimbi Gomis, 28 ans, allait dans le même sens quelques semaines plus tôt dans le magazine *France Football* : « *Le jeune joueur ne veut même plus qu'on lui parle du passé. Il est attentif quand tu parles avec lui de salaire ou de grosses voitures.* »

Évocation curieuse d'un passé glorifié par des joueurs finalement pas si vieux que ça. Faut-il y voir là le signe d'une prise de conscience, d'une évolution qui s'opère à un moment de la carrière où le mythe de l'argent roi s'estompe ?

Quand en 2008, à la fin de l'Euro, Lilian Thuram est allé trouver Domenech pour le mettre en garde quant aux « *petits cons* » qu'il aurait désormais à diriger, il faisait notamment référence à Samir Nasri. La fameuse histoire du bus a marqué les esprits dans le milieu. Dans le bus des Bleus, Nasri avait pris la place d'un illustre ancien, Thierry Henry. Une dispute sur fond de respect dû à l'aîné avait éclaté. Ce qui, vu de l'extérieur, pourrait ressembler à une broutille, une dispute de cour de récré, est en réalité une entorse à l'une des règles les plus élémentaires du foot. Dans le bus, un code basique avait été transgressé. Grégory Coupet, l'ex gardien de l'OL, était présent et n'a toujours pas compris pourquoi Nasri avait agi de la sorte : « *Pourquoi il fait ça ? Il est face à Henry, un joueur au passé glorieux, des années d'équipe de France, le buteur de l'équipe, et il entre en conflit avec lui pour une place dans le bus ? J'en revenais pas.* »

Le respect, valeur refuge dont on se gargarise pourtant dans le milieu du foot, n'a semble-t-il plus la même signification. Les relations sont devenues plus violentes et le respect – la place de l'ancien – n'est plus d'actualité. L'idée selon laquelle l'ancien introduisait le jeune disparaît au profit de l'idée selon laquelle il faut s'imposer, prendre sa place. Un autre ancien du vestiaire lyonnais des années 2000 se souvient de l'arrivée de Karim Benzema dans le groupe pro : « *La tradition veut que chaque nouvel entrant chante une chanson. C'est une sorte de bizutage. Généralement, le jeune qui se livre à l'exercice est en stress. Il souffre du regard de l'ancien, des moqueries qui ne vont pas manquer de tomber. À la fin de sa chanson, le vestiaire a ri et certains se sont moqués du gamin. Le regard noir, Benzema a lâché :* "Pourquoi vous vous marrez, taisez-vous, je suis là pour prendre votre place…" »

C'est donc à l'ancien de prouver qu'il est encore là, et il doit de fait défendre son territoire, prouver sa supériorité. Son passé ne vaut rien, ne parle pas pour lui. Le foot français fait d'ailleurs assez vite le ménage et le joueur qui dépasse les 30 ans n'a guère de place, contrairement à ce qu'il se passe dans les championnats des pays voisins. Chroniqueur et polémiste sur la chaîne Canal Plus, Pierre Ménès a observé de près ce qu'il s'est passé durant l'Euro 2012. Laurent Blanc, champion du monde 1998, dirigeait l'équipe de France. Pour beaucoup, son aura, son passé devaient largement suffire à gérer les éventuels problèmes de vie de groupe. Blanc et son ego n'ont pas suffi, pis, le sélectionneur s'est retrouvé totalement débordé. Tout a débuté avec le doigt sur la bouche de Nasri visant un journaliste auquel il demandait de « *fermer sa gueule* », mais l'explosion a eu lieu lors du match contre la Suède. Pierre Ménès nous livre son analyse des faits : « *Après le match, dans le vestiaire, Nasri se fait démonter par les autres, qui l'accusent d'avoir simulé une blessure pendant tout le match. Alou Diarra pique une gueulante et l'autre lui répond :* "C'est moi que tu vises, parle-moi poliment." *Ben Arfa est déjà en train d'envoyer des SMS et d'envoyer chier Laurent Blanc, qui lui en fait le reproche. Puis tu as le match contre l'Espagne où Nasri, avec Ménez, essayent durant l'échauffement d'allumer la copine du gardien espagnol Casillas à coups de ballons*[1]. *Nasri entre sur le terrain alors qu'il reste trente minutes de jeu et sa prestation envoie un message clair :* "Vous ne voulez pas de mon talent, alors allez vous faire foutre." *Et à la fin du match, il veut se battre avec un journaliste de l'*AFP. *Le fil rouge de tout l'Euro, c'est Nasri. Le problème, c'est que pour le public, c'est tous les Bleus qui ont fauté. Et comme en plus, cet illuminé de Le Graët décide de suspendre les primes de tout le monde, la thèse du "tous coupables" est validée.* » Sidéré par l'attitude de certains à l'égard d'un sélectionneur qui avait pourtant tous les attributs pour être respecté, Ménès ajoute : « *La vérité, c'est que je ne sais même pas s'ils respecteraient Zidane !* » Loin de tout amalgame, le journaliste de Canal Plus préfère plutôt que l'on extraie les pommes pourries du panier : « *L'équipe de France offre un miroir déformant, et par conséquent l'image des Bleus est déformée. Si tu dis à la fin de l'Euro : Nasri et Ben Arfa ont fait les cons et que Benzema n'a pas brillé, les gens vont dire :* "Ah oui, dehors les Arabes." *Et ce, alors que l'attitude d'un Jérémy Ménez fut tout aussi négative. Un Ménez finalement détenteur des mêmes codes dits "racailles".* »

L'étude des codes nous pousse à revenir aux relations internes des Bleus lors de la Coupe du monde 2010 et à la situation de Yoann Gourcuff. Raymond Domenech explique, dans son livre *Tout seul*, que celui qui aurait dû être le meneur de jeu de l'équipe a souffert

1. Sara Carbonero, petite amie du gardien de but espagnol Iker Casillas, travaille pour la télévision espagnole et se trouvait avant le match au bord du terrain.

d'être ostracisé par les autres, d'être différent. Mais il lui reproche aussi de ne pas s'être imposé, d'avoir été passif. De s'être posé en victime consentante. En banlieue, être traité de victime est l'une des pires insultes. Une victime est forcément honteuse. Une vision primaire consiste à dire qu'il vaut mieux être l'agresseur que la victime. Une vision – une mentalité – qui a pénétré le monde du football et qui se répand même au-delà des quartiers. C'est en quelque sorte une réponse à la violence de la société. Le jeune qui grandit dans une cité se sent d'abord faible par rapport au reste de la société. Le jeune sent que son environnement est un problème, un désavantage, un handicap. L'acceptation violente et lourde de conséquences de l'idée d'être mal né. Il en découle un refus de la victimisation dans laquelle les pouvoirs publics les enferment trop souvent. Les associations, type SOS Racisme, sont d'ailleurs rejetées par la frange dure des quartiers.

On explique dans les quartiers que *des mecs qui ont grandi dans une atmosphère de violence rejettent les personnes faibles physiquement. Celui qui a lâché, qui ne veut plus se battre. Le cas extrême conduit à repousser le pauvre, le faible. Il faut croire que c'est la loi du plus fort qui est toujours la meilleure. On en revient à l'idole Tony Montana. Si on est une victime, on est faible, et dans ce cas, pas de pitié car il n'y a pas de place pour la pitié dans le monde d'aujourd'hui.*

« *Il y a une réalité et une part de mode, de suivisme dans l'attitude racaille* », explique Mohamed Regragui. Cet ancien joueur travaille aujourd'hui auprès de jeunes pros en situation délicate. Il a grandi en banlieue et connaît par cœur les codes des joueurs de foot :

« *Le joueur a réussi et veut montrer qu'il n'a pas oublié d'où il vient. Au départ, le gamin n'a qu'une idée en tête, celle d'être pro, pour sortir sa famille de la mouise. Ensuite, certains trouvent que ça fait bien de continuer à jouer les lascars. D'autres en font vraiment beaucoup. Anelka vient de Trappes, mais pas d'un milieu défavorisé. Ses parents viennent de la classe moyenne. Il avait les plus belles baskets, de beaux vêtements par rapport aux autres. Il ne se trimballait pas sa cité de Trappes sur le dos. J'ai toujours trouvé dommage qu'une fois sa réussite faite, on parle toujours de cité le concernant alors qu'il n'y a quasiment pas vécu. Celui qui vient vraiment du bas du bas, c'est Ribéry. Lui a connu la grande pauvreté. Il n'a jamais su gérer son environnement. Mais comment aurait-il pu réussir ça ? Derrière l'idée à la base noble du "j'oublie pas d'où je viens", il y a le problème d'un entourage de profiteurs, de types qui attendent quelque chose. Des gens qui finalement tirent le joueur vers le bas, le ramènent en arrière.* »

Une part de jeu, donc, dans cette attitude dite racaille ? C'est un peu ce qu'on se dit en lisant le mensuel *Surface*. Créée en 2009 par l'ancien joueur Jérôme Alonzo, cette revue n'a d'abord pas eu bonne presse. Ses pages sur papier glacé et ses entretiens enchaînés de joueurs ont été accueillis avec réserve par le milieu journalistique. À tort. Ce magazine est en réalité l'exact reflet de notre culture foot. Le meilleur moyen de comprendre le joueur français. D'ailleurs, celui-ci adore participer et être dans *Surface*. Les photos sont belles, les fringues prêtées, voire données, et les entretiens complaisants permettent une belle mise en valeur. L'interdiction de sourire sur les photos semble de rigueur. Le foot n'est pas une franche rigolade, c'est sérieux et ça se lit sur les visages fermés, les regards agressifs des joueurs photographiés.

Les poses frisent la caricature du chef de gang. Une fille au regard soumis et un flingue en guise d'accessoire ne feraient pas taches.

Réda Didi, de l'association « Graines de France », a lui aussi grandi en banlieue : « *Ceux qui deviennent footballeurs ont quand même plus d'éducation que les autres. Il faut, au moins un peu, être assez discipliné pour se rendre aux entraînements et respecter certaines règles. Il y a un cadrage bien plus important que ce qu'on peut trouver dans les quartiers populaires.* » Mais une fois sortis du centre de formation, les jeunes joueurs devenus riches grâce au premier contrat retrouvent leur entourage, l'endroit d'où ils viennent et qu'ils ne veulent pas oublier. C'est l'une des phrases les plus entendues dans le milieu. L'attachement au territoire d'origine est toujours mis en avant. Ne pas être pris en flagrant délit d'omission de son milieu d'origine et ainsi éviter la faute suprême. L'argent est là, la réussite aussi, mais il faut montrer qu'on n'a pas changé. « *C'est un milieu d'hommes, très masculin. Et je me demande comment le centre de formation n'arrive pas à modifier ça. Les excès, l'idée du rapport humain. C'est comme s'il n'y avait pas de préparation au moment de devoir gérer quelque chose de quasiment exceptionnel. Un changement de vie, une ascension sociale extraordinaire. Le milieu n'excuse pas tout mais explique tout de même certaines attitudes* », analyse Réda Didi.

Le regard du public teinté d'un doigt d'idées politiques oscille toujours entre sévérité et indulgence. La nuance est difficile à instaurer. Soit on est en présence de petits cons, de racailles, soit il faut comprendre et ne pas oublier d'où ils viennent. Les réactions politiques et médiatiques au lendemain de la Coupe du monde 2010 et de l'Euro 2012 frisent la caricature. Indulgence à gauche, sévérité à droite, chacun dans son camp. Une revue comme *Les Inrocks*, politiquement très marquée à gauche et se tenant historiquement loin des affaires du foot, a offert sa une et de beaux articles complaisants à Nicolas Anelka, puis à William Gallas. Le site d'infos Bakchich.fr a également dégainé pour dénoncer les racailles, mais celles de la FFF, pas celles du terrain. Ne pas perdre une aussi belle occasion de propagande, un tel terrain de chasse. Des efforts nourris pour une réflexion au final à peine plus élaborée que la chanson parodique des Inconnus, sortie près de vingt ans plus tôt : « *C'est ton destin, eh les meufs eh les keufs dans le RER* »…

## *La France, zone de transit…*

Parmi les valeurs en baisse, il y a bien évidemment celle du collectif. Réda Didi voit dans le foot un prolongement de ce qu'il observe dans son travail auprès de jeunes de quartiers : « *La générosité, l'envie de donner, d'appartenir à un collectif pose un vrai problème. Un élément qui s'aggrave et qui entretient l'incompréhension lorsque l'on joue pour son pays, pour la France. Il y a de moins en moins cette idée d'incarnation mais de plus en plus, je vais passer par là car ça va me donner une valeur ajoutée. Je vais être plus cher, je vais peser plus lourd en euros…* »

L'uniformité du joueur de foot n'aide pas. Ils se connaissent, viennent des mêmes endroits, ont une mentalité identique. Le mélange est rare. Plus on est avec des gens qui nous ressemblent, moins on a la capacité de pouvoir se remettre en cause. La course effrénée à la réussite individuelle et l'idée selon laquelle il faut s'en sortir coûte que coûte poussent à s'éloigner d'une pensée collective.

Partir à l'étranger change complètement le comportement des joueurs français. Les codes qui sont les leurs semblent s'estomper dès qu'ils signent dans un club d'un autre championnat. L'idée que l'herbe est plus verte ailleurs est largement répandue dans le foot français. La faiblesse historique des clubs de Ligue 1 a toujours entretenu l'envie d'aller voir ailleurs. Il faut dire que les plus grands joueurs français de l'histoire ont majoritairement acquis leur standing en quittant la France. Si l'on ajoute à cela des salaires plus attractifs, on comprend que jouer en L1 ne peut être envisagé que comme une étape et ne constitue surtout pas le bout du chemin de la réussite.

Beaucoup de joueurs français ont grandi en regardant l'émission de Canal Plus « L'Équipe du Dimanche ». Durant les années 90, cette émission-phare pour les amateurs de foot a fait briller de mille feux le foot qui se jouait hors de France. Du « c'était mieux avant », on est passé au « c'est mieux ailleurs ». Après l'Italie, dans les années 90, on a changé d'eldorado avec l'explosion de l'Angleterre des années 2000. La Premier League comme Graal sportif mais surtout financier. Le joueur qui va chez les Bleus en évoluant en France note immédiatement la différence entre lui et l'autre, celui qui joue ailleurs. Grégory Coupet a toujours évolué en France et en équipe de France, il a évidemment côtoyé des « étrangers » : « *Je me souviens d'un truc qui m'avait frappé, c'était quand on parlait argent, salaire, les différences qui se faisaient entre ceux qui touchaient du net et ceux qui prenaient du brut ! Le net et le brut, ça faisait comme deux clans assez surréalistes. Et de ce fait, le mec qui joue à l'étranger est plus sûr de lui. Sa réussite qui se lit en "net" apparaît plus grande. Mais le pire, c'est quand, à table, des mecs qui jouaient dans le même championnat se mettaient à ne plus parler français mais la langue de leur pays de foot. Là, tu sentais une forme de mépris.* »

Pour beaucoup de footballeurs qui ont eu une enfance difficile, la vraie réussite passe par l'étranger. Le cadre, l'autorité, le respect sont des valeurs qu'il trouvera et acceptera quand il ira jouer dans un club européen. La liste des joueurs qui ont connu des problèmes d'attitude en France ou en équipe de France et dont on loue le comportement ailleurs est très longue, de Ribéry à Evra en passant par des joueurs moins connus comme Belfodil (Parme FC) ou Constant (Milan AC), qui se seraient peut-être perdus en restant en France. À travers la petite Ligue 1, dans laquelle ils évoluent, ils ont pour la plupart une vision de la France petite, engoncée, peu ambitieuse, sportivement médiocre, et qui en plus les ramène sans cesse à leur condition d'origine. Dans leur esprit, la France ne leur a apporté qu'une formation qui ne peut être qu'une carte d'embarquement vers la vraie réussite sociale.

## *La famille contre le boloss...*

« Téléfoot » est la plus ancienne émission de foot à la télévision française. Tout comme le magazine *Surface*, elle est souvent méprisée par celui qui se revendique véritable amateur de foot. Trop superficielle, trop promotionnelle, trop un tas de choses négatives. Pourtant, et malgré une cible marketing jeune, elle est également un outil essentiel à la compréhension de « notre » joueur de foot. Depuis qu'elle est privée de beaucoup d'images, en raison de droits de diffusion exclusifs qu'elle ne possède plus, l'émission met surtout en scène le joueur et le fait parler. Entendre les joueurs de l'équipe de France parler, avec leur accent banlieue, aligner les « *voilà quoi* », donne souvent lieu à des séquences qui entretiennent le fossé qui peut exister entre les Bleus et le public. Et quand, en septembre 2012, l'émission décide, à travers une mise en scène façon jeu TV, de soumettre les joueurs à des questions dites de culture générale, on touche le fond du vide. Le clou du spectacle est atteint quand la majorité des joueurs ne sait pas mettre un nom sur le visage du Premier ministre. Les fous rires se succèdent dans ce qui apparaît alors comme le règne de la complaisance dans l'ignorance. Ou comment vouloir rire avec les joueurs en les rendant ridicules.

En 2008, les Bleus sont invités pour une soirée au Jamel Comedy Club. Une virée au théâtre. On se régale de ce moment qui encore une fois doit montrer que les Bleus sont « frais » et qu'il y a une vie hors terrain. Le maître des lieux, Jamel Debbouze, se lance dans le premier numéro. Proche personnellement de certains joueurs (Anelka, notamment), il évoque des souvenirs communs. « *On était nuls à l'école alors on jouait au foot.* » Éclat de rire. « *En même temps, à 150 000 euros par mois, la grammaire, on l'emmerde.* » Succès garanti, Benzema et Ribéry s'étranglent de rire.

Jamel Debbouze a une vanne pour tout le monde. Mais est-ce avoir l'esprit mal placé que de considérer que celle qui est adressée à Yoann Gourcuff est un peu plus lourde que les autres. « *J'ai organisé cette soirée juste pour pouvoir t'appeler une ou deux fois dans ma vie* », dit-il. Puis s'ensuit une série de « *Gourcuff, Gourcuff* » scandé sur le même ton dont on userait pour appeler un chien. Gourcuff n'entre pas dans les codes du spectacle. Il ne fait pas partie de la « famille ». C'est peut-être pour cela qu'il n'est pas venu au show. Le début pour lui de son aventure de victime, de boloss du foot français.

Dans la galaxie Canal Plus, dont le Jamel Comedy Club est une excroissance, la promotion de ce que certains nomment « culture racaille » est une valeur sûre. Dans le SAV d'Omar et Fred, l'une des séquences-phares de l'émission la plus populaire de la chaîne, « Le Grand Journal », l'un des personnages les plus ridicules s'appelle « François le Français ». Une sorte de Français moyen, forcément beauf, forcément trop français, forcément facho…

L'élévation sociale ne donne pas lieu, tant s'en faut, à une élévation culturelle. On accède à l'argent, au matériel, et c'est bien assez comme ça. Pour le reste, rien ne change. Et le mimétisme ou le suivisme qui règnent dans le milieu peuvent étonner. « Argent et cul » comme règle ? On n'échappe pas à la caricature.

Les observations qui suivent servent à décrypter les codes. Ou le portrait « mainstream » du joueur français.

Le joueur type Ligue 1, qui évolue dans des clubs qui ne sont ni le PSG, ni l'OM, ni dans une moindre mesure l'OL, gagne dans l'ensemble moins de 100 000 euros par mois. Il va soigner sa voiture et a une femme qu'on va qualifier de « normale ». Signalons que la valeur voiture est en baisse, les cylindrées diminuant car la tendance est à la gestion de l'argent. On reste toutefois proche des modèles allemands, Audi ou Mercedes. Dans le milieu, on dit que « *le Rebeu est branché BMW* ».

Une hiérarchie existe en fonction de l'endroit d'où l'on vient. Le joueur issu de la banlieue d'une grande ville, notamment Paris, s'imposera à un joueur venant d'une cité du Mans. Celui-ci sera toujours plus discret.

La marque-phare du joueur L1 reste Louis Vuitton. La trousse de toilette LV est quasi obligatoire. Difficile de ne pas être un boloss sans trousse LV. La bagagerie de cette même marque vient logiquement derrière.

Pour les vêtements, le recul net de la marque Christian Audigier a fait du bien aux yeux de tous. Le « créateur » excentrique était prisé du joueur de province, club de milieu de tableau. C'est le passage dans un gros club de L1 qui donnera l'assurance en matière de mode. Le passage à l'étranger restant dans ce domaine décisif. En ce qui concerne la mode, secteur essentiel de la vie d'un joueur, le joueur L1 reste globalement un suiveur. Diesel, Bikkembergs – en net repli – sont des marques citées, mais le top de la hype reste Dolce & Gabbana. La place dans le vestiaire peut se mesurer au nombre de petites plaquettes argentées visibles sur les habits du joueur. Pour beaucoup, plus on a de plaquettes, plus « on est en place »…

En matière de logement, le joueur n'est pas tout de suite exigeant. Dans un club moyen, l'appartement que le club aura parfois aidé à trouver est moyennement soigné. « *Les joueurs viennent d'endroits vraiment pourris, alors avoir un appartement correct dans un quartier tranquille peut suffire* », dit-on. On note en revanche que si la femme du joueur a changé depuis les débuts, il y a une tendance à l'amélioration de l'habitat. On va consacrer un peu plus d'argent au logement. Mais si on a gardé la même femme qu'au début de la carrière, on ne change rien.

C'est la croissance de la notoriété qui vient chambouler la vie du joueur de foot. Le nombre d'articles dans les médias, les invitations télé sont, à ce titre, primordiaux. Concrètement, dans la vie du joueur, cela peut augmenter le nombre d'invitations à des soirées et améliorer la qualité de la table dans la boîte de nuit. L'élément essentiel étant la conséquence, une drague plus aisée, un plus grand pouvoir d'attraction auprès des filles.

Jouer au PSG ou à l'OM est une étape de plus. Le nombre de conquêtes féminines potentiel est bien plus important. Et être attaquant et marquer des buts est un atout capital. Dans l'établissement de nuit, ça peut vouloir dire qu'on dispose de la table au milieu. Et surtout, puisque les filles regardent principalement les résumés de matchs, elles voient les buteurs en priorité. Le nombre de buts étant synonyme de salaire plus important, ou de prime(s), le nombre de bouteilles à table grandit ainsi que la beauté et le nombre de filles. Le cercle de faux amis s'élargit, les compliments pleuvent. En gros, disent-ils, « *on te suce la bite partout…* »

Avant, le joueur n'était pas spécialement beau, il n'attirait pas trop les gens, et d'un coup, c'est l'inverse. Signer un contrat à Paris ou à l'OM fait du joueur une vedette. La maison, la voiture, tout devient plus grand. On met la famille à l'abri. On prend certains membres de la famille à la maison.

Un titre de champion ou de meilleur joueur fait également basculer dans une nouvelle catégorie. Dans le vestiaire, on compare ses téléphones, ses voitures, ses fringues et les nanas qu'on a eues. Avec un titre important, on passe aux belles filles, celles des beaux quartiers, on dépasse le standard « petite nana de banlieue améliorée ». On change de gamme.

Lucide, le joueur analyse froidement la situation : « *On va pas se leurrer, on était moches avant, on est beaux maintenant, on sait très bien pourquoi les filles viennent à nous, alors on profite et on baise.* » Pour la plupart, c'est même une revanche sur une jeunesse durant laquelle le rapport aux femmes était souvent compliqué.

Le cas Ribéry mérite qu'on s'y arrête. Certaines personnes qui l'ont approché tentent une analyse : « *Son physique peu avenant a forcément été un problème, avec sa tronche, c'était pas simple, d'où son attirance pour les prostituées.* » Il n'est pas seul dans ce cas, bien sûr. Et pour lui comme pour d'autres, il faut aussi dire que l'incapacité à communiquer, à se lancer dans un processus de séduction, même des plus élémentaires, pousse vers la solution de facilité. L'image de Ribéry dans le milieu oscille entre compréhension et sévérité. « *Tout le monde sait d'où il vient, l'extrême pauvreté de son milieu d'origine. Ce qui frappe tout de suite, c'est le handicap de la langue. Quand il est en bande, on a la sensation que les mains priment, la violence devenant un moyen de s'exprimer. Et si le joueur africain, qui vient lui aussi d'un milieu très pauvre, va ensuite être dans le partage, la redistribution, Ribéry, non. Son modèle, c'est le clan, la famille. Il est connu pour être radin. Comme si la peur de manquer était toujours présente. Si Zahia l'a balancé, c'est qu'il n'a pas payé au fond. Une somme pour lui dérisoire en plus. Il lui devait 700 euros. Il agit toujours comme s'il allait crever la dalle demain. En partant de l'OM, il a lâché 200 ou 300 euros au type de la sécurité. Un geste rare. Ribéry traîne des sparadraps d'une enfance miséreuse impossibles à décoller…* »

## La maman et la putain

En matière de femmes, la règle, malgré le succès et les opportunités qu'il offre, est de garder celle des débuts. La fille de soirée est factice. Et dans les discussions de vestiaires, qui peuvent tourner autour des performances en matière de conquêtes, la personne sacrée, c'est la femme. La régulière. Si toutes sont des « putes », elle, non, et elle doit être préservée. Dans les codes de bonne conduite du footeux, la femme (la vraie) n'est pas un sujet de conversation.

La réflexion consistant à réduire le joueur de foot à un type bas du front est exagérée et injuste. Il a, notamment par rapport au système dont il fait partie, un regard d'une lucidité crue et étonnante. Il se sait le rouage d'un gros business et comprend le décalage entre sa vie, ce qu'est devenu le foot et l'attente du supporter qui n'est pas comblée. L'amateur de foot lui reproche d'être un mercenaire, de ne pas être attaché au club, mais que fait le club, répond le joueur. Il dit vouloir me retenir, puis veut me vendre pour équilibrer ses comptes. Il veut m'acheter, faire une bonne affaire, penser déjà à la revente. Beaucoup de joueurs oscillent finalement entre critique et complaisance à l'égard d'un système ultracapitaliste qui, dans la plupart des cas, améliore toujours leur train de vie et les pousse toujours vers plus d'individualisme. Et c'est sans honte que beaucoup affirment que oui, le foot, c'est l'oseille !

Dans certains quartiers, c'est parfois une famille entière d'enfants qui va au foot. Un seul peut-être va percer et y arriver. Il devra faire vivre les autres. On ne parle plus là de passion, mais de compte en banque à faire tourner. La recherche du contrat qui va mettre « tout le monde à l'abri » est une expression souvent entendue. On est alors très loin des attentes du public foot et de valeurs comme « l'amour du maillot », qui est une exception.

La frénésie du succès est énorme. Ils savent que ça ne va pas durer, que la carrière est courte et qu'une blessure ou un mauvais choix peuvent tout remettre en cause. Il y a une multitude d'exemples autour d'eux. La vie devient alors comme un condensé de speed. Une décharge d'adrénaline permanente à gérer, avec une fin annoncée et plus ou moins programmée.

L'excitation qui règne autour du joueur devenu connu provoque une forme de parano. La peur d'être exploité, arnaqué. Et quand on est « bichonné » depuis des années, les premières critiques négatives sont mal vécues. L'entourage écoute et lit tout. Le rapport qui est ensuite fait au joueur n'est pas toujours fidèle. Les sentiments extrêmes. L'interprétation qui peut en être donnée est même parfois étonnante. Dans le cas de Benzema, Ben Arfa ou Nasri, ça va être : « Ils nous critiquent parce qu'on est arabes »… Nasri a été touché après l'Euro 2012, comme Anelka avant lui. Le joueur va alors se replier sur l'entourage, les vieux codes, « la famille ».

Rien de surprenant à ce que la majorité des joueurs développe un ego considérable. Les médias, qui en font souvent des tonnes après un beau but ou un bon match, ne sont pas étrangers au phénomène. Il y a peu de recul par rapport au compliment. Les commentaires présentant un joueur comme le futur Zidane, la future ex star du foot, marchent à fond. Le joueur est sensible au « buzz » médiatique. Et ce, même si la tendance reste de dire qu'il ne faut pas « s'enflammer », et rester simple.

Être sélectionné est également très important dans la vie du footeux. Et parfois, le choc est rude. Prenons l'exemple de Romain Alessandrini. Joueur de Clermont en Ligue 2, lors de la saison 2011-2012, il passe à Rennes. Il a ses jeans Dolce & Gabbana, sa trousse Vuitton, une belle petite bagnole, et il est sélectionné en équipe de France. Et là, au milieu des autres, c'est un clodo. Il n'est plus rien. Il veut rester là. Appartenir à ce monde. Le joueur qui vit ça une fois s'attend à revenir. S'il n'est pas rappelé, il vit l'événement comme une injustice. Gérer les émotions peut s'avérer compliqué. Yann M'Vila, comme d'autres avant lui, s'est brûlé les ailes et a tout gâché. Il lui reste l'argent.

Le transfert dans un club étranger, anglais de préférence, est le rêve ultime. Le joueur change de vie et de dimension. Les yeux s'illuminent. Quand le joueur s'offre une « incartade », ce n'est plus avec une fille du 9.4. C'est avec un mannequin. Signer à l'étranger offre la possibilité de faire de la publicité, de toucher à des domaines autres que le foot. On accède à d'autres univers. La reconnaissance dépasse les frontières.

## *Miami Vice*

Pour les vacances, pas de surprise. Des valeurs sûres, au premier rang desquelles Miami. Dans ce domaine, le mimétisme est total. Allez à Miami en juin avec un ballon, vous organisez sans problème un match de L1. On étale son fric là où d'autres l'ont étalé avant. Miami, c'est « si tu peux y aller, tu dois y aller ». Il y a dix ans, c'était réservé aux gros salaires de L1. Les « petits » allaient au Club Med de Kemer, en Turquie. Karim Benzema a notamment fréquenté l'endroit avant d'être star.

Aujourd'hui, la hiérarchie s'estompe. C'est Miami pour tous. Et même si le joueur de foot dispose d'un bon salaire, suivre le rythme peut se révéler compliqué. 5 000 euros dans une villa, des bouteilles en boîte de nuit qui peuvent dépasser 4 000 euros l'unité avec bonne table pas loin d'un rappeur américain, le budget est considérable.

L'hôtel Fontainebleau, avec ses six piscines extérieures et ses deux discothèques, est l'un des établissements préférés du joueur français à petit salaire de L1, voire surtout de Ligue 2. Ce n'est pas, tant s'en faut, le plus bel hôtel de Miami Beach, c'est pourtant là qu'ils vont en nombre. L'idée est de ne pas se ruiner dans le logement et de tout claquer la nuit. Les plaisirs de la nuit sont tellement prioritaires que le joueur se rendra volontiers au McDo pour dîner. La plage n'est pas non plus une priorité estivale.
Pour le joueur au pouvoir d'achat plus important, direction l'hôtel Delano. Bien plus chic.

Dans l'ensemble, ils font à Miami ce qu'ils pourraient faire en France. L'attrait de la ville ne vaut que pour le nom qu'elle porte et ce qu'elle représente dans leur esprit. La différence, c'est le prix de leurs vacances, bien plus élevé. Le prix du mimétisme. Mais pour certains, Miami s'est transformé en endroit trop banal. Las Vegas est devenu bien plus prisé. Samir Nasri est désormais un habitué. Dans le milieu, Nasri passe pour un homme de goût. Il aime les beaux endroits, les belles filles. On le dit raffiné, soucieux de chasser la vulgarité. Il y a chez lui une volonté d'élévation sociale.

La nuit, à Vegas, les concours de bouteilles, c'est un peu à celui qui va claquer le plus de fric. Marouane Chamakh est allé jusqu'à refuser la sélection marocaine pour ne pas rater son séjour à Vegas. Précision importante, le joueur de foot ne va pas à Miami ou à Vegas avec sa femme. Les vacances de fin de saison ou de décompression s'effectuent entre amis.

D'une manière générale, le vrai luxe, celui des milliardaires hors foot, n'est pas très connu. Ils pourraient se l'offrir, mais ils n'y pensent pas. L'hélico pour visiter ou aller dans un bel endroit, c'est rare. La location d'un yacht est un phénomène très récent et peu utilisé. À Miami, la tendance s'affirme. La saison dernière, on a pu parler d'une mode. Le premier qui l'a fait a été immédiatement suivi. L'importance du salaire détermine la taille du bateau. Le soir, comparer les yachts est devenu un sujet de conversation.

Le joueur existe à travers ce qu'il peut se payer. Le matériel. Les exemples dans le domaine sont l'Ivoirien Didier Drogba et le Camerounais Samuel Eto'o. Deux modèles pour les joueurs de L1. Des références. Nicolas Anelka n'est plus du tout à la mode. Les habitués de la nuit qui fréquentent les joueurs rigolent à l'évocation de l'idée d'exemplarité du footeux. « *L'attente est démesurée. Il faut les laisser tranquilles. La Coupe du monde 2010, c'est l'histoire de quatre ou cinq leaders qui ont pris le pouvoir, mais comment a-t-on pu laisser faire ça ? Ce sont eux les fautifs, ou ceux qui ont laissé faire ça ? Il y a là quelque chose qui ne colle pas dans le système. C'est comme si tu mettais Zahia au gouvernement et que tu te plaignais ensuite qu'elle ne représente pas bien le pays dans une réunion internationale…* »

Dans ce qui ressemble à un milieu tournant en vase clos, tout le monde se connaît, s'aime, se déteste. Les médias ne sont pas en dehors de ce monde. Certains journalistes vont aux soirées, fréquentent les joueurs. Il y a même parfois une sorte de donnant-donnant.

Les filles vont et viennent, changent de partenaires. La télé-réalité est un terrain de chasse privilégié. Les deux mondes sont liés. L'Italie avait ouvert la voie avec les relations étroites entre les joueurs et les fameuses *veline*, ces danseuses de la télé italienne qui apparaissent dans presque toutes les émissions des trois chaînes du groupe Mediaset, propriété de Silvo Berlusconi.

Le foot s'apparente à une télé-réalité avec ses différentes saisons. Les médias scénarisent de plus en plus la présentation de la L1. Ses vedettes, ses personnages principaux, ses seconds rôles.

## *Foot et rap, union sacrée...*

« *Le lien entre la musique et le foot, c'est ma bande son* », explique Fred Musa, emblématique animateur depuis plus de dix ans de Planète Rap sur la radio *Skyrock*, une émission-phare de l'univers rap en France. Le rap et le foot sont donc liés, enlacés, mariés. Une évidence. Le footeux vient très majoritairement de banlieue et il écoute du rap, c'est simple comme un cliché. Et se battre contre ce cliché ne sert strictement à rien. Le sport et la musique comme uniques moyens de s'en sortir, c'est une réalité difficile à nier dans les quartiers. Le seul exemple positif d'ascenseur social pour beaucoup de jeunes.

Le foot est au rap en France ce que le basket est au rap aux États-Unis ? « *C'est un peu ça, oui* », reconnaît Olivier Cachin, journaliste, écrivain, et grand spécialiste du hip-hop en France. Après les États-Unis, la France est le deuxième marché rap au monde. Une culture musicale bien ancrée dans le pays, donc. Et ce, même si le rap est aujourd'hui encore marginalisé dans les grands médias. Par rapport au succès, aux ventes de disques, on peut parler clairement de sous-représentation. Dans le milieu, on a donc encore l'impression d'être en marge, d'être rejeté par l'institution. C'est pourtant la musique qui se vend le mieux. Sexion d'Assaut, c'est l'artiste – ou groupe – qui a vendu le plus en France en 2012. Les salles sont remplies, les tournées des rappeurs font des cartons, sans parler des réseaux sociaux, qui relayent massivement le succès de cette musique. Pourtant, médiatiquement, *Skyrock* mis à part, c'est quasi le silence radio.

« *Le foot fascine tous les enfants des cités, le rap est la musique qu'ils écoutent, le lien est évident. Les rappeurs ont tous joué au foot et, au minimum, adorent ça. Nicolas Anelka est le premier à avoir importé les codes rap. Et les premiers à avoir jeté des passerelles entre les deux mondes sont les groupes IAM et NTM. Si en Angleterre, c'est le pop-rock qui est lié au foot, en France, c'est le rap.* »

Sur la question de l'influence du rap, musique « à texte » sur le foot, Olivier Cachin veut corriger une idée reçue : « *Contrairement à ce qu'on dit trop souvent, le rap n'est pas une musique forcément à message politique. C'est plus ça aujourd'hui. C'est un mélange de plusieurs choses et ça peut être affreusement matérialiste, misogyne. Une partie, petite, véhicule un message politique et sociétal. Il y a beaucoup de styles dans le rap et le plus médiatisé n'est pas forcément le plus "conscient".* »

Loin de l'univers foot, Cachin comprend toutefois qu'entre le duo rap-foot et les attentes du public du foot, l'opposition est frontale : « *Le rap étale le fric, comme le foot. L'origine sociale des rappeurs et des footeux est la même. Le pauvre est fasciné par l'argent et, comme le dit Lunatic :* "Comment mépriser l'argent quand on n'en a pas ?" *Ça rappelle ce bon mot de l'économiste Paul Laffitte :* "Un idiot pauvre est un idiot, mais un idiot riche est un riche." »

« *Quand tu n'as jamais eu de blé et qu'il arrive, tu le montres, tu glisses facilement vers le bling-bling. Le rappeur La Fouine, quand il s'affiche avec du fric, après avoir parlé dans ses chansons des huissiers qui l'ont mis dehors lui et sa mère, est évidemment à ce moment-là dans la revanche sociale. Il y a cent ans, quand ils gagnaient du fric, les bluesmen faisaient la même chose. Ils l'affichaient jusque dans les dents. Mais c'est quoi le problème ? D'être dans un pays qui requiert la discrétion en matière de fric ? Mais c'est impossible de demander ça, c'est trop hypocrite* », explique Cachin.

Le sentiment de revanche sociale présent dans le rap est le même que celui que l'on observe dans le foot. Si les premières générations d'immigrés s'étaient habituées à bosser en baissant la tête, les enfants, qui ont vu ça, veulent, eux, la relever. On est passés du profil bas au regard dominant. Voilà pour l'idée répandue.

Olivier Cachin précise : « *Ils ont vu le mépris dont ont souffert les anciens alors ils vont pas saluer* La Marseillaise. *Eux, ils analysent ça comme ça. Alors ils vont siffler, pas chanter. Mais il faut comprendre la perception qu'ils ont de la France. Que savent-ils de ce pays ? C'est comme s'ils ne l'avaient jamais vu et là, d'un coup, il vient à eux. Pour beaucoup de mecs de quartiers, la France, c'est la police. Alors quand ça marche pour eux, ils ne vont pas s'excuser d'exister. Quand ils ont enfin du blé, ils en profitent et ils t'emmerdent.* » Cardet, auteur du pamphlet *L'effroyable imposture du rap*, n'adhère pas à cette explication : « *Nos parents, contrairement à ce que prétend le catéchisme antiraciste, n'ont pas courbé l'échine. Ce ne sont pas des esclaves. Ils sont venus en France travailler. Ce pays a été pour eux comme un moyen de vie meilleure. La France n'a déporté personne. Ils étaient dans une volonté d'enracinement, de respect de l'environnement d'accueil. Nous, les enfants, avons ensuite été éduqués aux discours antiracistes. On ethnicisé un problème social. Le coupable est devenu la France, le Blanc, le voisin, alors même qu'il était dans une situation sociale aussi difficile que la nôtre. Ces revendications victimaires ont parfois conduit nos parents à avoir honte de nos comportements. Et le Blanc, lui, des classes populaires s'est alors tourné vers le F.N.* »

Et quand cette équipe de France qui écoute du rap rencontre via la télé le spectateur français soucieux de voir briller son équipe, que celle-ci le renvoie à ses angoisses quotidiennes, à la rubrique faits divers du JT, à la une du *Point* qui parle de « *cet islam qui fait peur* », et qu'on y ajoute le fric étalé par ce qu'il considère être des petits cons, des racailles, qui ne chantent évidemment pas l'hymne national, on est alors dans l'incompréhension la plus totale, le rejet. Seule la victoire peut faire passer la pilule… et encore !

---

Le lien patriotique défaillant est un fossé souvent évoqué entre le joueur originaire de banlieue et le public. Et le fait de chanter ou non *La Marseillaise* devient un sujet de polémique. Pour Mohamed Regragui, rien d'étonnant à cela : « *Le fait que Benzema ne chante pas* La Marseillaise, *c'est une moquerie, un clin d'œil aux potes du quartier. Le chambrage est un code essentiel dans le foot et en banlieue.* »

Le sujet pénètre la sphère politique. En mars 2013, sur la chaîne Al Jazeera, l'ex international marocain Saïd Chiba expliquait que, si Benzema ne chantait pas l'hymne français, c'est parce que, dans ce pays, il existait un courant raciste auquel le joueur répondait en refusant de chanter l'hymne.

À ce sujet, l'écrivain Marc-Édouard Nabe a usé d'une formule savoureuse : « *Le problème n'est pas tant qu'il chante faux, mais qu'il soit faux en chantant…* »

Karim Benzema a donc le mérite d'être clair et honnête. Il ne se reconnaît pas dans l'hymne français. Rejet de la France, désamour, haine ou amour contrarié. Le sujet ne peut pas être qualifié de « *sans importance* », comme le répète le président de la FFF, Noël Le Graët. En soi, évidemment qu'aucune obligation n'est requise. Mais ne pas admettre qu'il s'agit d'un refus ostensible quand le joueur explique sur un ton agressif que « *personne ne l'obligera à chanter* »… Ne pas reconnaître qu'il y a là un problème d'ordre sociétal qui va au-delà de savoir s'il faut chanter ou non, ou encore dire que les anciens ne chantaient pas non plus, est une faute grave.

Le journaliste Pierre Ménès est contre l'obligation de chanter l'hymne. Il analyse le lien patriotique du joueur : « *On peut aimer mais aimer mal. Quand je vois Benzema, l'impression, c'est toutefois :* "Je ne chante pas et je vous emmerde." *Moi, ça me choque quand il fait ça ou quand, lors d'un match au Havre, il fait ostensiblement la gueule lors de la minute de silence en hommage à Thierry Roland. L'ancien journaliste qui pour certains illuminés avait une tendance facho. C'est délirant. Je ne sais pas si c'est un problème de société ou si c'est le problème de Karim Benzema.* »

Le sentiment exprimé du rejet de la France existe dans le rap français. L'ex grand ami de Benzema, le rappeur Rohff, l'a souvent chanté à travers un rejet de différentes institutions.
À la suite d'un transfert qui a fait du bruit dans le milieu du foot et du rap, Benzema a changé d'ami pour se rapprocher d'un ennemi de Rohff, Booba. Cette star incontestée de la scène rap a dans son répertoire une chanson qui débute par « Fuck la France ».

« *C'est une vraie différence entre rap US et français*, note Olivier Cachin. *Aux USA, on ne rigole pas avec le drapeau. En trente ans de rap, je n'ai vu qu'un album avec un drapeau US qui brûle, un seul. Même chez les gangstas, ils sont américains et fiers de l'être. En France, c'est bien différent. Il y a là une grosse différence culturelle.* »

Cachin mentionne un élément nouveau, commun au rap et au foot, la grosse montée de l'islam : « *C'est aujourd'hui une réalité. La plupart des rappeurs sont musulmans. Ils sont d'origine sénégalaise, malienne, algérienne, tunisienne. Ce qui a changé, c'est surtout une revendication bien plus présente dans les textes. On évoque la stigmatisation de cette religion. Et comme souvent, on nous réduit à ça, eh bien, on l'affirme encore plus. Ça donne de la force aux rappeurs, aux footeux en quête d'identité.* »

Fred Musa analyse à son tour ce sentiment : « *Pour avoir fréquenté certains joueurs mais surtout les rappeurs, mon impression, c'est qu'il ne s'agit pas fondamentalement d'un sentiment anti-français. Des mecs comme Booba ou Rohff, ce qu'ils disent, c'est plutôt* : "Pourquoi vous n'aimez pas notre réussite, ce qu'on est ?" »

La « famille » foot-rap se retrouve, et elle est bien plus à l'aise à Miami. La ville du rap. Une ville où les différences de la société françaises n'existent plus. Un mode de vie qui fascine le rappeur et le footeux. Les filles faciles, l'exubérance. Une ville qui pourrait symboliser ce que Jean-Luc Godard appelait « *la civilisation du désir* ». Et puis Miami, c'est *Scarface*. La ville conquise par Tony Montana.

# L'islam, valeur montante

Le sujet serait trop épineux. En parler, pourquoi pas, mais en *off*, parce qu'il faut comprendre que, sinon, le couperet tombe : raciste ! « *Mais c'est quoi ces questions, t'es facho ou quoi ?* » L'agent de l'une des stars de l'équipe de France a d'ailleurs vite dessiné les contours délicats de la question, de mes questions…

Les faits étaient cependant trop nombreux, les anecdotes trop sérieuses, pour ne pas aller plus loin. L'introduction de la viande halal en équipe de France, le nombre de convertis, les changements de mœurs dans les vestiaires de L1, les prières de plus en plus évidentes sur les terrains, les tapis de prière dans les sacs, les clans qui se forment, l'arrivée d'investisseurs du golfe Persique en L1, le soutien affiché par certains joueurs à la cause palestinienne, les éléments étaient trop visibles pour ne pas être observés comme des données importantes de notre football.

Gilles Kepel est un politologue français, spécialiste de l'islam et du monde arabe contemporain. Il est professeur des universités à l'Institut d'études politiques de Paris et membre de l'Institut universitaire de France. Depuis 1987 et la parution de son livre, *Les Banlieues de l'islam*, il n'a cessé d'enquêter sur le phénomène de la montée de la religion musulmane dans les banlieues françaises. Et si 80 % des joueurs de foot en France viennent de banlieue, se poser la question d'un lien existant entre provenance géographique, sociale et religion ne semblait pas totalement superflu.

Gilles Kepel repère les premières tendances d'un foot empreint de religion musulmane à la fin des années 80, dans les banlieues lyonnaises. Une région lyonnaise où l'on a vu les premiers signes d'une réislamisation des jeunes d'origine maghrébine. On était là face à un football vécu comme une solution alternative aux associations traditionnelles. On jouait avec des shorts plus longs pour cacher les parties « honteuses ».

C'est vers le début des années 2000 que le phénomène prend une ampleur plus importante. On assiste peu à peu à une sorte de conquête du milieu footballistique « mainstream » par des revendications d'identité islamique.

Gilles Kepel va plus loin : « *On va faire de l'islam, non plus simplement une référence pour un groupe qui est marginalisé, mais pour un groupe qui souhaite désormais faire de ses valeurs un élément conquérant à l'intérieur des valeurs de la société française et qui va vouloir les imposer. Cela fait suite à la controverse autour du voile à l'école. C'est également le moment où les prédicateurs venus d'Arabie saoudite, du Golfe et autres commencent à prêcher qu'il faut absolument manger halal. Un halal perçu dans une interprétation très stricte car jusqu'alors, pour les parents immigrés, le halal voulait dire simplement s'abstenir de cochon et de vin. L'islam est donc d'abord marqué par la revendication du halal. Une sorte de conquête de nouveaux territoires spatiaux, mentaux. Un élément moteur dans beaucoup de conversions.* »

Lors de l'été 2000, le PSG lança une vaste campagne de publicité visant à rapprocher le club de sa banlieue. Ce nouveau « PSG Banlieue » avait pour tête de gondole Nicolas Anelka. Le jeune joueur parisien fut présenté au public du Parc. Une scène surréaliste qui voyait défiler côte à côte le président énarque du club, Laurent Perpère, et Anelka, gilet en laine et survêtement avec jambe retroussée. Un effet de mode directement inspiré du style « gangsta rap », lui-même issu du style vestimentaire des prisons américaines.

Influencé par Djamel Belmadi, ancien jeune joueur du PSG aujourd'hui installé au Qatar, Anelka fut l'un des premiers convertis à l'islam, bientôt suivi par l'un de ses coéquipiers, Didier Domi. Les cas demeurent alors isolés et on ne trouve pas encore signe d'un prosélytisme fort à cette époque.

Philippe Tournon, le chef de presse historique de l'équipe de France (en poste de 1983 à 2006, puis à nouveau depuis 2010), indique qu'avant 2004, il n'a aucun souvenir de revendications d'ordre religieux. À cette période, les joueurs de confession musulmane ayant fréquenté l'équipe de France étaient : Zinedine Zidane, Nicolas Anelka, Philippe Christanval, Camel Meriem, Alou Diarra et Éric Abidal. Personne n'avait jamais demandé de viande halal.

## *La halalisation des Bleus*

Ce que Kepel appelle la « halalisation » de l'équipe de France devient un phénomène concret durant la période Domenech.

Le sélectionneur national, en poste de 2004 à 2010, va non seulement ouvrir la porte au religieux en équipe de France, mais il va en quelque sorte l'imposer à tous. En 2008, dans un entretien accordé au mensuel *So Foot*, Éric Abidal, converti à l'islam, réclamait clairement le halal pour tout le monde. Dans un propos d'une naïveté qui confine à l'ignorance, le défenseur des Bleus déclarait : « *Je ne vois pas où est le problème. Nous, on veut, les autres, ça les gêne pas, alors autant que ce soit comme ça pour tout le monde.* »

Vikash Dhorasoo, ancien international, racontait, dans l'émission « 100 % foot », sur la chaîne *M6*, que l'équipe de France devait se rendre au « Jamel Comedy Club ». Une soirée de détente au milieu d'un stage international. Les joueurs devaient dîner sur place et Raymond Domenech avait officiellement demandé au théâtre un buffet 100 % halal pour ses joueurs. Non pas deux buffets, un pour les musulmans et un autre pour les non-musulmans, non, un seul buffet. Un seul choix qui s'impose à tous. L'équipe de France, représentante d'un pays laïque, avançait hors du château de Clairefontaine avec des signes religieux ostentatoires.

Lorsqu'il a succédé à Domenech, Laurent Blanc est revenu sur cet acquis religieux. Dans l'émission « Stade 2 », le nouveau patron de l'équipe de France avait annoncé sa décision de mettre fin au « tout-halal » et de revenir à un schéma plus classique de repas « à la carte ». Pour ne pas froisser les susceptibilités, Blanc avait tout de même dû réunir au préalable ses cadres musulmans afin de leur annoncer sa décision. Quant à la viande de porc, elle restait hors menu, pour ménager les susceptibilités. Ce qui était choquant dans cette histoire, c'était plutôt la façon dont on venait d'apprendre que les mœurs avaient à ce point évolué au sein d'une équipe nationale représentant la France. Un retour à la normalisation qui n'avait pas dissipé une présence religieuse toujours bien présente. En janvier 2011, lors de la course de voitures du Trophée Andros, à Isola 2000, l'ancien gardien international Fabien Barthez racontait ses visites à Clairefontaine, au cours desquelles il allait filer un coup de main à son ami Laurent Blanc. Au moment du dîner, notamment en présence de l'ex ministre de l'Industrie et maire de Nice Christian Estrosi, Barthez répond volontiers aux questions des curieux sur ce qu'est devenue « notre » équipe de France. L'ambiance est festive et la parole relâchée. L'ex gardien des Bleus évoque l'évolution des mentalités et explique : « *Quand on entre dans le vestiaire, on se croirait dans une mosquée…* »

Incontestablement, la nouvelle génération semble particulièrement impliquée dans la pratique religieuse. Qu'il s'agisse du récent « *Allah akbar* » de Samir Nasri, à la suite de son titre de champion d'Angleterre, en 2012, des invocations de Franck Ribéry avant les matchs ou des déclarations d'Éric Abidal, il n'a échappé à personne que certains Bleus assument et revendiquent un nouvel élan spirituel.

Le site musulman Oumma.com commente ainsi, non sans ironie, ce nouvel état de fait : « *Ces comportements provoquent des remous chez les mouvements "laïcards", exaspérés de voir certains joueurs ne pas chanter* La Marseillaise *ou prier sur le terrain avec le maillot bleu sur les épaules. Et face à ce nouveau paradigme, la FFF, coincée entre le marteau et l'enclume, nage entre deux eaux : celle d'une génération, brillante mais pratiquante, qui affiche ses convictions, et celle d'une partie de la population, effarouchée par tant de Talibans en crampons jouant sous l'étendard de la mère patrie, et qui serait encline à revenir à l'ère des tribunaux d'inquisition pour mettre fin au péril islamiste.* »

Derrière ce trait sarcastique, dont on laissera l'entière responsabilité à ce site musulman, se cache probablement une ligne de fracture nette. Une incompréhension de plus entre l'équipe de France, le foot hexagonal et son public. Une rupture mise en évidence dans le journal *Le Monde* daté du 24 janvier 2013. L'institut IPSOS, le centre de recherche politique de Sciences-Po et la Fondation Jean-Jaurès ont commandé un sondage sur les nouvelles fractures de la société française. 74 % des Français estiment que l'islam est intolérant et pas compatible avec les valeurs de la société française. Que la personne interrogée soit de droite ou de gauche n'influe pour ainsi dire en rien sur les résultats. Mais si l'image négative de la religion musulmane dans l'opinion française ne se discute plus, il nous appartient de rechercher si, effectivement, la montée de l'islam dans le foot est un problème, et en quoi elle peut l'être.

## *La chasse au tapis de prière*

Jamel Sandjak, le nouveau président de la Ligue de Paris, est conscient que le football français, à l'image de la société tout entière, est à un tournant sur ce point-là. « *J'ai entendu dire qu'à Clairefontaine, certains éducateurs avaient fait la chasse à la prière et avaient fouillé les sacs pour y trouver des tapis de prière.* » Une version confirmée notamment par André Merelle, désormais à la retraite, mais chargé de la formation à Clairefontaine pendant près de trente ans. « *Je trouve scandaleux qu'on ait fait ça,* déplore Sandjak. *On ne peut pas empêcher les jeunes de prier. Certains font des signes de croix ou embrassent la pelouse, c'est pareil.* »

D'origine algérienne, Sandjak ne mange pas halal et appartient à une génération qui n'avait pas de revendications en termes religieux. Les choses ont visiblement beaucoup évolué, tant les nouvelles générations penchent vers une application plus stricte de l'islam. Pour certains, c'est une source d'identification forte. « *Les mômes jurent sur le Coran, mangent halal, c'est effectivement une façon de s'affirmer* », poursuit Sandjak. Face à ce mouvement, le président de la Ligue de Paris se veut tolérant : « *Aujourd'hui, ce n'est pas parce qu'on va manger halal que cela va remettre en cause les fondamentaux, les piliers de notre République. Et puis si tu ne cèdes pas, les mecs ne vont pas manger. Ils seront capables de ne rien manger pendant trois jours.* » À ce sujet, Bruno Bini, le sélectionneur de l'équipe de France féminine, avance de façon pragmatique : « *Chez nous, Louisa Nécib souhaite manger de la viande halal, et je ne vois aucun problème à ça. Il ne faut pas en faire tout un cirque. Quand on est en déplacement, c'est parfois compliqué selon les pays, mais on essaye d'être prévoyants, de faire ça tranquillement, normalement. C'est important qu'elle sente qu'on est attentif à ses besoins…* »

Sandjak est parfaitement conscient du fait que ces affaires de religion sont une donnée nouvelle. Un élément important, voire structurant, du foot français. Du niveau amateur jusqu'au professionnel, c'est une question qui se pose de plus en plus. Il aime se souvenir de cette anecdote au sujet de Raymond Kopa, appelé un jour à réagir sur des questions liées à l'immigration et à l'intégration. L'ex gloire du football français des années 50, d'origine polonaise, racontait ceci : « *Nous, dans le Nord, on se tapait du lundi au vendredi contre les Français. Mais tu sais ce qui a fait le rapprochement ? C'est que tous les dimanches, on était à l'Église. Polacks, Français ou autres, on se retrouvait à l'Église. C'était un élément fédérateur, un acte de réconciliation générale.* »

Avec des joueurs français issus en très grande majorité des banlieues et d'une immigration maghrébine-africaine, la donne a donc profondément changé. Dans le foot, aujourd'hui, la religion musulmane est la plus revendiquée. Si l'on additionne les banlieues de Paris, Lyon et Marseille, on est pour ainsi dire face à la quasi totalité des joueurs français.

Dans les banlieues de ces grandes villes, le niveau amateur fait office de laboratoire. La laïcité est un concept lointain. Aussi lointain que peut leur sembler cette République, dans laquelle beaucoup ne se reconnaissent pas. Dans une enquête publiée par l'hebdomadaire *Le Point*, en novembre 2012, Alain Mercier se penchait sur cette question et révélait quelques anecdotes. À Carrières-sous-Poissy, dans le 78, le maire PRG, Eddie Aït, avait dû intervenir pour empêcher que le terrain ne devienne un lieu de prière. « *Un riverain nous avait alertés après avoir assisté de sa fenêtre à des manquements au respect de la laïcité. Les jeunes priaient avant et après les matchs, sur le terrain.* » En juin 2012, le magazine *So Foot* livrait un reportage sur le foot en banlieue, « Entre les barres ». Plusieurs pages absolument pittoresques, souvent très drôles, mais en même temps révélatrices d'une profonde fracture. Les auteurs décrivent un cocktail fait de violence verbale « *festive* », de religion, de rejet du « Blanc » et d'un peu de foot.

Gilles Kepel, spécialiste du monde musulman, nous aide à cerner l'ampleur du phénomène : « *La réaffirmation de l'identité islamique est un élément qui permet de se défendre collectivement contre les agressions d'une société qualifiée de raciste ou discriminante. Dans le cas spécifique du foot, le modèle de l'ascension sociale par le foot trouve un écho dans le modèle de l'ascension par l'islam. Cet aspect qui tend au communautarisme est nourri par ailleurs et de façon très positive par cet appel d'air financier absolument extraordinaire venu du Golfe. Une sorte de manne céleste sur certains clubs en Europe. Mais le Golfe est également devenu une destination synonyme de réussite. Vous allez jouer là-bas sans même attendre la fin de votre carrière. Vous pouvez entraîner là-bas.* »

## *La foi, pour quoi faire ?*

L'appartenance religieuse n'est évidemment pas vécue par tous de la même façon. Certains ont une conception de l'islam personnelle et spirituelle qui n'a pas d'incidence sur l'identité nationale ou sur la politique. Mettre tout le monde dans le même sac n'a strictement aucun sens. On peut toutefois noter dans certaines banlieues, chez certains jeunes en situation de rupture, une conception de l'islam plus radicale. Le salafisme, même s'il a peu d'adeptes, est extrêmement actif et prône une forme de rupture avec les mœurs de la société française, perçues comme permissives, décadentes.

De tous les joueurs ayant fréquenté les Bleus, Hatem Ben Arfa est peut-être celui qui est allé le plus loin. En 2008 et pendant quelques mois, le joueur, en proie à des soucis d'ordre privé, se sent perdu, en quête de repères. Aux côtés du chanteur Abd al Malik et de son manager Fabien Coste, il va s'adonner au soufisme. Un courant de l'islam que certains qualifient de secte. Si l'intérêt du joueur pour le soufisme ne durera pas, cela correspond néanmoins à une période délicate dans sa carrière. Arsène Wenger, qui s'intéressait à lui pour Arsenal à cette période, ne donnera d'ailleurs pas suite aux premières discussions, reculant devant cette foi envahissante. Pour certains, la religion est un refuge, le moyen d'éviter les dérapages. C'est ce qu'explique Younès Belhanda. Révélation du championnat de France 2011-2012, ce joueur français de Montpellier, d'origine marocaine, a choisi de défendre les couleurs du Maroc plutôt que celles de la France. Dans un entretien accordé à *L'Équipe Mag*, en 2012, Belhanda parle de pèlerinage. Il explique que, dans le foot, le risque de déraper ou de péter un plomb est grand et que la religion lui permet de se poser. Il prie après chaque but, une inclinaison vers la Mecque. Une attitude nouvelle que l'on observe de plus en plus sur les pelouses de L1, chose que l'on ne voyait pas il y a encore deux ans. La foi doit lui permettre d'éviter de donner l'image du « footeux superficiel ».

En la matière, Nicolas Anelka est un précurseur, même si sa lecture de la religion est toute personnelle. Sur l'argent, il est par exemple bien moins scrupuleux que Belhanda. Au moment de son arrivée en Chine pour une nouvelle aventure footballistique et financière, il accorda un entretien à son ami journaliste Arnaud Ramsay :

« *Si tu ne comprends pas les salaires des footeux, c'est que tu n'as rien compris au business du foot. Je gagne beaucoup et je remercie Dieu tous les jours.* »

Celui qui fut longtemps un modèle pour nombre de joueurs livre ensuite les clefs de sa pensée. Pêle-mêle, voici, en substance, ce que cela donne : « *Lire des livres ne sert à rien, posséder de la culture générale n'est pas signe d'intelligence. À cause de la taxe des 75 %, les joueurs vont partir. Le foot n'appartient plus à l'Occident… Ma force de caractère, je la tire de la religion et de mes croyances. Je me suis converti à l'islam à 16 ans… Si vous ne m'aimez pas, je ne vous aime pas et si vous m'aimez, je n'ai rien fait pour. Je suis juste moi.* »

Dans le monde sportif, trouver une personne capable de s'exprimer sur ce sujet relève de l'exploit. La peur d'être catalogué, d'avoir pactisé avec la « bête immonde » de Bertolt Brecht. Ancien joueur et coach de basket, aujourd'hui consultant, Jacques Monclar est l'un des rares à évoquer le sujet sans retenue, librement. Dans le basket, la population pratiquante est similaire à celle du foot. Très loin de jouir de la même notoriété que le foot, le basket a connu et connaît encore les mêmes difficultés face aux mutations de la société.

« *À Antibes, j'ai commencé à voir la montée du phénomène. Un gamin avait débuté par le ramadan pour ensuite arriver avec la barbe puis la djellaba. Je suis prêt à m'adapter, on l'a toujours fait, mais il doit y avoir une limite. Trop de musulmans dans une équipe, ça va forcément te poser un problème d'organisation, de gestion, surtout si les revendications sont importantes. Et la solution, elle doit venir d'en haut. J'ai un ami sélectionneur de l'équipe de Tunisie, et il m'a dit que ceux qui faisaient le ramadan n'avaient pas été sélectionnés. Mais si toi, en France, tu fais ça, t'es une ordure, un mécréant. On est dans l'absurde. Pourtant, le problème est réel. Dans les centres de formation, il y en a même qui font du prosélytisme.* »

On l'a peut-être oublié, mais le basket est le premier sport à avoir connu ce type de problème. C'était en 1999, lors du championnat d'Europe organisé en France. Les Bleus sont coupés en deux. Un groupe emmené par le converti Tariq Abdul-Wahad (né Olivier Saint-Jean) s'oppose aux autres, les Blancs. Jacques Monclar se souvient : « *On appelait ça le clan des chaussettes. Les mecs portaient tous des chaussettes très hautes. Laurent Sciarra, qui n'est pas du genre à fermer sa gueule, a voulu les provoquer et est arrivé un jour lui aussi avec les chaussettes remontées. Antoine Rigaudeau était, lui, du genre à baisser la tête alors que c'était l'un des meilleurs de l'équipe. Dans cette histoire, il faut se souvenir que la scission avait été orchestrée par le leader Tariq Abdul-Wahad et que le public en général avait plutôt pris fait et cause pour les Blacks de l'équipe. L'idée étant que le basket était un sport de Noirs. Abdul-Wahad jouait en plus en NBA, ça lui donnait une aura incroyable. La religion n'avait pas été un élément compris à l'extérieur.* »

Un an plus tard, sans le gang des chaussettes, hormis Moustapha Sonko, mais avec un excellent Laurent Sciarra, la France est allée jusqu'en finale des J.O. !

## *L'islam, première religion de la Ligue 1...*

Historiquement, le ramadan est la première revendication religieuse à laquelle le foot français a eu à répondre. Et généralement, cela n'a jamais posé de problèmes. Alain Perrin, quand il était entraîneur de Troyes, avait médiatisé les rencontres entre les joueurs musulmans de son club et l'imam de la ville afin d'expliquer comment mettre en harmonie exigence religieuse et vie professionnelle. Mais si cela concernait deux joueurs à l'époque, la tendance est à une augmentation nette dans les clubs de L1. À Marseille, le directeur du centre de formation Henri Stambouli confie que, sur la génération 1999, 10 apprentis footballeurs sur 15 sont pratiquants. La proportion est importante et suffit largement à imposer ses modes de vie et de pensée aux autres.

Même si la proportion n'est pas partout identique, Marseille est un cas à part, puisque la majorité des directeurs de centres de formation rencontrés dresse le même constat et dit devoir s'adapter. Parfois, une phrase tombe : « *On fait attention à ne pas se faire déborder.* » Va-t-on regarder la religion du jeune joueur avant de l'accepter au centre de formation ? Des quotas ? Évidemment non, crie-t-on officiellement. Il faut s'adapter, répète-t-on. Beaucoup de clubs sont ainsi en contact avec les autorités religieuses locales pour expliquer les textes, éviter les interprétations.

À Rennes, lors de l'été 2012, on a poussé plus loin une réflexion qui prenait corps ces dernières années. Moins de joueurs musulmans dans l'équipe, moins d'Africains aussi. Il faut se rapprocher du public breton. Mais c'est du *off*. Évidemment !

Parfois, le club doit faire de l'éducation religieuse. À Marseille, Henri Stambouli, le directeur du centre de formation, raconte qu'un gamin est venu le voir en disant qu'il ferait désormais le ramadan le lundi et le jeudi. Après avoir travaillé en Tunisie, au Mali, au Maroc ou encore aux Émirats, Stambouli pensait plutôt bien connaître la religion musulmane, mais là, il a été obligé de s'informer pour dissuader ce jeune de suivre cette interprétation originale du ramadan. « *La religion, on l'accepte, il n'y a aucun souci. Mais on voit arriver des choses vraiment spéciales. Dans les quartiers, tous ces petits-là peuvent être influencés. Il y a des prédicateurs, des gens qui se servent d'eux parfois…* »

Les mœurs, les codes, le mode de vie ont donc beaucoup évolué dans les vestiaires. Toujours à Marseille, un membre du staff professionnel en a parfois ras-le-bol. « *J'ai toujours été partisan du multiculturalisme, dans notre ville, c'était notre drapeau. Mais là, le multi a disparu, il ne reste qu'une seule culture ! 20-30 % de l'effectif impose les règles aux autres, c'est tacite. On ne discute plus. Nous, on doit répondre. Organiser les repas. Quand on est en déplacement, ce n'est pas toujours simple. On a plus vite fait de faire halal pour tous. Pour la douche, la règle s'est également imposée. Tous en short ! C'est ridicule.* » La douche en short, pour respecter l'intimité du corps, voilà une vraie tendance en L1. Reste à savoir si ces évolutions peuvent causer des problèmes dans le vestiaire, entre les joueurs. Sur ce point, cette même personne du staff marseillais indique : « *Il y a deux ans, on avait des Sud-Américains, Heinze, Lucho, Brandao, Andrade, et oui, parfois ça a créé des tensions. Heinze demandait souvent pourquoi il devait céder, pourquoi c'est cette culture qui devait dominer au club.* » Dans un domaine plus accessoire, il relevait que la musique diffusée dans le vestiaire, là encore très marquée culturellement, pouvait agacer Heinze. Les

Argentins et les Brésiliens ont depuis quitté le club. Joey Barton, un Anglais, est arrivé au début de la saison 2012-2013. Il n'a pas mis longtemps à se plaindre, évoquant des codes qu'il ne se sentait pas obligé de suivre.

L'identité religieuse éloignerait-elle de l'identité française ? Sous certains aspects, la réponse semble être positive. « *Je ne sais pas ce que va devenir le foot maintenant, mais les éléments de clivage que l'on observe compliquent la situation. Difficile d'envisager le foot comme un pôle d'identification permettant de transcender les appartenances primaires pour se projeter dans une réussite qui passe par l'identité française* », analyse Gilles Kepel. Le spécialiste du monde musulman poursuit : « *À partir du moment où l'équipe est divisée selon des lignes de failles culturelles et des rapports de forces imposés par un groupe à un autre, l'autre ne s'identifie plus à l'équipe dans son ensemble et ça casse la cohésion de l'équipe.* »

## *Véritable foi ou simple effet de mode ?*

Mohamed Regragui, ancien joueur professionnel, marocain d'origine, est devenu coach mental. Une activité courante en Allemagne mais balbutiante en France. Il aide les joueurs en difficulté. Il avance deux hypothèses pour expliquer cette montée du religieux : « *Il y a d'abord le cas du joueur en période de doute, en perte de repères. Il se dit que la religion va l'aider, lui donner de nouvelles ressources. J'ai récemment beaucoup aidé Kevin Anin, joueur de Nice. Ce jeune a une vie perso très compliquée. Il a été approché, on lui a parlé de l'islam. J'ai récupéré un type presque au bout du rouleau. Il avait besoin d'aide, mais pas de se convertir. J'ai vu des mecs se lancer à fond là-dedans pour tout délaisser, comme l'ancien Bordelais Kodjo Afanou, ou l'ex international français Philippe Christanval.* »

L'autre hypothèse de Mohamed Regragui est plus surprenante mais existe, c'est l'effet de mode, le suivisme.

La religion est effectivement venue alpaguer quelques joueurs en quête d'un complément de personnalité. Un vide intellectuel et culturel que la religion a comblé. Comme si ça donnait du sens à leur vie... Des observateurs commentent cette évolution : « *Ils ne lisent pas, savent peu de choses, alors si quelqu'un vient leur parler d'autre chose, ils écoutent. Une fois que t'as acheté tes fringues, battu tes potes aux jeux vidéo et baisé un tas de nanas, tu fais quoi ? Tu tournes en rond. La religion peut alors les aider à faire pénitence, un peu comme s'ils s'excusaient de tout ce qu'ils ont. La religion prend une place importante. C'est le complément à la trousse Vuitton, un signe ostentatoire d'appartenance, d'identité. L'effet de mode existe. L'islam est mis en avant et donne une consistance. Les joueurs en parlent de plus en plus. Et si on ne l'est pas, on peut quand même suivre les codes. C'est devenu la religion dominante dans les centres de formation, dans les clubs. Après, pour ce qui est du degré d'implication, on ne peut pas dire que c'est un islam suivi à la lettre, loin de là…* »

Un joueur ayant fréquenté plusieurs clubs de L2 et un club de L1 partage cet avis : « *Je n'arrive pas trop à comprendre encore si c'est un mouvement de fond ou juste une mode. Mais indéniablement, c'est une explosion. Il y a dix ans, personne ne parlait de halal, aujourd'hui dans les clubs, c'est presque une règle, en tout cas un souci à régler vite car la demande est forte. La montée du religieux, je la vois aussi dans les détails de la vie quotidienne comme la douche. Moi, ça me rend con, mais je ne peux pas accepter qu'on m'impose ça, alors je fais le contraire et ça peut être mal vécu. Mais les plus jeunes, non-musulmans, bah ils disent rien et acceptent. Quant au prosélytisme, oui, il existe.* »

Un joueur de L1 évoluant dans un club important du championnat et ancien international confirme cette tendance lourde : « *Moi, qu'un Ryad Boudebouz fasse sa racaille à balancer des "sale Goueron", ou "sale Céfran", sur les terrains, je m'en fous. C'est pas nouveau dans le foot, même si en L1, c'était tout de même peu fréquent. Non, ce qui m'embête, c'est quand on veut m'imposer une règle et quand je vois des types essayer de convertir des jeunes. Là, ça devient grave.* »

Un agent très bien implanté dans le monde pro français nous livre sa vision du phénomène et ses aspects pratiques : « *Dans la nouvelle génération de joueurs type Paul Pogba, dont on parle beaucoup en ce moment, c'est très présent. Les mecs se ferment, redoutent de se faire enfler par des mecs hors clan. Le mec qui s'occupe de lui, c'est un type qui n'a pas de licence d'agent qui était recruteur au Havre. Ça devient un angle d'attaque pour les agents et pour les conseillers financiers. Tu as aujourd'hui des conseillers financiers qui vont faire des stages en Tunisie ou au Maroc pour faire des placements charia et c'est un phénomène qui prend de l'ampleur. Et ils ont des relais dans les vestiaires. À Caen, un type comme Jean Calvé, qui est converti, fait du prosélytisme autant qu'il joue au foot. Il a attrapé Mathieu Duhamel, l'avant-centre. Mentalement un mec influençable. Et ce jeune Normand est aujourd'hui guidé vers une vraie force qui le pousse vers l'islamisme. Mais personne ne veut parler de ça. Tout le monde a peur d'être traité de raciste dans le milieu.* »

Un milieu qui se raconte en boucle l'histoire de Djibril Sidibé, recrue défensive de Lille en 2012. Ce joueur promis à un bel avenir souhaite que les discussions financières à son sujet se fassent par le biais de celui qu'il appelle « *mon chef à la mosquée* », le Cheikh Abdel Rachid. Pas nécessairement un problème, si ce n'est que cette autorité religieuse, qui organise les pèlerinages de certains joueurs (Moussa Sow, ex Lille, ou Issiar Dia, ex Nancy), enferme le joueur dans une vision religieuse excluante. Selon différents témoins, Sidibé s'est séparé de son ancien agent parce qu'il n'était pas musulman et qu'il souhaitait des placements « charia compatibles ».

## *Une tolérance à deux vitesses*

Réda Didi est d'origine algérienne. Consultant en ressources humaines et enseignant à l'université, il est le fondateur, en novembre 2009, de « Graines de France », un cercle de réflexion politique en direction des milieux populaires ; « *Cette tendance du repli sur la religion existe. Il faut être vigilant et travailler sur toutes ces questions. Les responsables médiatiques et politiques doivent prendre leurs responsabilités, sans jouer avec le feu. Ce qui se passe dans la société, comme dans le foot, qui en est un reflet, m'inquiète car en plus, ce n'est pas la meilleure partie de la religion. Le premier problème est que les gens qui s'expriment sur cette question sont souvent les plus radicaux. On n'entend jamais la masse silencieuse qui vit sa religion tout à fait correctement. La minorité qu'on entend et qui peut faire appel d'air peut être très néfaste à un groupe. Ça devient comme un groupe dans le groupe. Nos études montrent que ce sont les gens les plus fragiles qui vont vers une religion la plus radicale. C'est les gens qui la connaissent le moins, qui ont été baignés le moins dedans, qui s'y enferment. Il y a aussi le problème des convertis. Je comprends que cela choque le Français moyen de voir Ribéry ne pas chanter* La Marseillaise *mais faire sa prière avec du cœur. Ribéry qui par ailleurs a une lecture de la religion assez souple, il me semble.* » Les faits, la vie, les mœurs de Ribéry confortent l'analyse.

Didi poursuit : « *Il faut aussi éduquer la population en rappelant que nous sommes dans un pays de liberté. Ça choque en France comme ça ne choquerait pas aux USA. Aux USA, le symbolisme est important. Nous, on a du mal avec notre drapeau. Et c'est pareil avec notre hymne. Vous ne trouverez pas un Américain qui vous dira :* "Je hais l'Amérique et peu importe sa religion." *On continue en France d'avoir le cul entre deux chaises. Alors, comment on change ça ? En disant à Ribéry,* "Tu fais le con, tu as une religion de merde, tu te soumets à la France et au drapeau", *ou est-ce qu'on se dit : "élargissons l'esprit de notre population". Créons un collectif fort par des symboles et laissons chacun faire ce qu'il veut dans sa sphère privée. Comment se fait-il que les politiques n'aient pas pris leurs responsabilités, comment se fait il qu'ils aient créé ce communautarisme ?* »

Le sondage Ipsos/Le Monde/Sciences-Po sur les nouvelles fractures françaises, qui montrait à quel point la défiance des Français à l'égard de l'islam était grande, avait été commenté par le philosophe Abdennour Bidar, spécialiste de l'islam et de la laïcité. Il disait notamment : « *Il y a, dans ce résultat, une responsabilité des politiques, des intellectuels, des médias. On a laissé à l'extrême droite le monopole du "courage" sur ces questions. On aurait dû avoir davantage de courage, notamment face à la doxa multiculturaliste qui répète qu'il ne faut pas faire d'amalgame entre islam radical et modéré. Car aujourd'hui, visiblement, les gens se demandent où est le modéré…* »

# Formation et déformation

André Merelle et Claude Dusseau ont longtemps été les deux mamelles de la formation française. Cinquante ans de formation à eux deux. Les Romulus et Rémus de l'Institut national du football. Tous deux ont mené des carrières professionnelles modestes (voire très modeste pour Dusseau), mais assez consistantes pour que, au sein de la FFF, ils se considèrent comme des hommes de terrain, des vrais. Dans les rouages de la formation du football hexagonal, une ligne de fracture existe entre l'homme de terrain et l'autre, celui qu'on va appeler le « bureaucrate » ou, pis et plus méprisant, le « prof de gym ». Récemment, au moment de leur retraite, en 2010, les deux hommes se sont violemment opposés au duo composé par François Blaquart, le nouveau Directeur technique national, et l'une des figures du foot français des vingt dernières années, Gérard Houllier, ex entraîneur des Bleus, ex DTN, ex PSG, Liverpool, Lyon. Blaquart et Houllier étant à leurs yeux des « hommes de préau ».

À Clairefontaine, où s'est installé l'INF, en 1998, Merelle et Dusseau ont été les seigneurs d'un château isolé, à 50 km de Paris, dans la forêt de Rambouillet. Ils ont vu passer plusieurs générations de joueurs de foot qui sont devenus pros. Certains ont porté le maillot bleu : Anelka, Ben Arfa, Christanval, Henry, Nasri… On aurait plus vite fait de dire qu'ils ont vu passer « tout le monde ».

Leur isolement semble « de fait » les avoir réellement coupés du monde. À leurs yeux, tout est simple. Un jeune arrive, on le forme. Le foot, et rien d'autre. Le climat social, politique, l'équipe de France face à son public, ses problèmes… « *bla bla bla, mais qu'est-ce que vous me chantez là* »… Il y a chez eux une sorte de naïveté confondante. Un dialogue surprenant, étonnant. Une recherche de pureté. « *Le foot est un jeu, non ?* » Oui oui, manquerait plus qu'on aille imaginer des liens entre le foot et la société…

### *La mode du Noir costaud…*

Deux fois, Merelle et Dusseau sont sortis de l'ombre. Une fois chacun.

Par ordre d'apparition à l'écran, Dusseau fut mis en avant dans le célèbre documentaire produit et diffusé par *Canal Plus* « À la Clairefontaine ». Le film propose d'observer de quelle manière les jeunes sont formés. On y découvre Ben Arfa en ado ambitieux. Un surdoué que la planète foot devra bientôt admirer et aduler partout. Un long passage est aussi consacré à une dispute entre Ben Arfa et Abou Diaby (futur joueur d'Arsenal souvent blessé). L'échange est primaire, on passe du « fils de pute » au « nique sa mère » sur un ton 100 % racaille.

Le montage du documentaire, en faisant de Ben Arfa le personnage principal, aura pour conséquence des retombées psychologiques assez négatives sur le jeune joueur ainsi mis en lumière… Son entourage sera également atteint, voyant en lui une pépite, une sorte de tiroir-caisse ambulant. Dans le film, Dusseau est le bon « Monsieur Dusseau ». Avec sa barbe blanche, il dégage sagesse, douceur et autorité feutrée. L'instituteur d'un autre temps.

André Merelle sortira, lui, du château au moment de l'affaire dite des « quotas » du foot français, révélée par Médiapart, en avril 2011. On reviendra en détails sur cette affaire, mais rappelons juste que Merelle fit partie de ceux qui accusèrent Blaquart, le DTN, et Laurent Blanc, le sélectionneur, d'entretenir un racisme ordinaire à la FFF. « *Ça pue le racisme tout ça* », m'a-t-il en effet confié au moment d'évoquer l'affaire des quotas. Il faut dire que lui peut faire tomber la sentence. Sa femme est « noire ». Et pour aborder certains sujets, en France, il vaut mieux avoir des alibis en béton.

Si l'on étudie d'un peu plus près le travail du duo Merelle-Dusseau, on remarque qu'ils ont participé à populariser une idée fort répandue dans le foot français des années 1990-2000. L'idée selon laquelle on gagnait plus facilement un match en étant costaud. Ainsi, pour eux, comme pour la grande majorité des directeurs de centres de formation du pays, être solide, avoir un physique imposant, était un gage de succès ultérieur sur le terrain. Avec cette idée bien ancrée en tête, la recherche et la promotion du joueur athlétique, on a orienté le recrutement des jeunes. Les raccourcis et les idées les plus nauséabondes ont alors régné. Le joueur est grand, fort et noir. Le technicien est arabe. Hommage à Zidane. Les petites histoires et anecdotes concernant des « penseurs » de la formation pullulent. On dit alors partout que, si on veut gagner un match en catégorie jeune, il faut avoir un joueur noir derrière et un joueur noir devant. Un ex dirigeant lyonnais aimait à raconter cette histoire qu'il accompagnait d'un rire gras : « *Nous ici, on va taper dans une tour et hop, on en a dix qui tombent des comme ça !* » C'est aussi ce recruteur lensois qui, lancé dans un tour de France d'observation, se rend à Libourne, en Gironde, en demandant : « *Vous avez des grands Noirs costauds ? Même s'ils ont les pieds carrés, c'est pas grave, on les redressera.* » Le foot français a poussé loin la réflexion sur l'ethnicisation des compétences footballistiques. Et Lilian Thuram, toujours prompt à tout dénoncer, aurait pu s'intéresser à ces phénomènes. Il paraît qu'il veut mettre le nez dans les affaires du football. S'il se mouche, pourquoi pas.

Cette réflexion globale doit nous pousser sans fausse retenue à dire aussi que le « petit Blanc » ne jouissait pas d'une bonne image auprès d'un grand nombre de formateurs. Surtout si les tests de croissance effectués n'étaient pas positifs. Rémi Garde, entraîneur de l'OL et ancien directeur du centre de formation du club, regrette cette politique fédérale du « tout physique » qui a pour ainsi dire conduit à une ghettoïsation du foot : « *Certains voyaient que, dans les quartiers, les Blacks étaient plus costauds, et on les retrouvait dans les clubs de foot. Le physique est devenu petit à petit le critère prédominant. On a oublié que les écarts de taille pendant la période de croissance ne devaient pas être rédhibitoires et que l'on devait laisser les plus petits ou les plus frêles continuer leur progression jusqu'à la fin de leur adolescence. Heureusement que je suis passé avant, sinon je ne serais jamais devenu professionnel. C'est le cas aussi de Giuly ou Malbranque.* » Parfois, l'incompréhension est totale. C'est le cas de Franck Signorino. Joueur modeste de Metz, Nantes, Getafe (Esp.) et aujourd'hui à Reims. En avril 2013, il revient sur un épisode marquant de son parcours : « *En juillet 2009, j'ai été recalé pour manque d'impact physique. Comme j'ai l'image du petit Blanc, blond en plus, on ne me prend pas au sérieux. Je ne réponds pas au stéréotype du joueur de L1. Pas grand, pas costaud. Et puis je suis du 94, pas du 93.* »

## *Clairefontaine et l'île du docteur Moreau…*

Merelle et Dusseau conviennent tous les deux que la FFF a trop mis l'accent sur l'importance du physique du joueur. « *On est allés trop loin, certainement.* »

Avec le temps, et toujours avec cette naïveté, le duo répond de façon étonnante aux questions. Vous parlez de problème de comportement, d'attitude du joueur français. Ils répondent : « *Et alors ?* ». Ils forment des joueurs de foot et n'ont pas vocation à remplacer l'école. Ils admettent que l'entourage du joueur est plus pressant, que celui-ci veut vite savoir si le fils, le frère, le cousin, le protégé sera un vrai joueur, comprenez rentable.

Il y a une plus grande présence du fait religieux chez les jeunes joueurs. « *Oui, et alors ?* »

Et alors, avec le temps, Merelle et Dusseau ont parfois transformé Clairefontaine en « île du docteur Moreau ».

Merelle aurait pu être le docteur, et Dusseau, son assistant Montgomery. Ensemble, ils « fabriquaient » des créatures qui semblaient façonnées par leurs mains. C'est avec une naïveté absolument incroyable que Claude Dusseau raconte qu'à Clairefontaine, il arrivait que Merelle organise des matchs de Noirs contre Blancs ! Risquant un nouveau « *Et alors ?* » en réponse, je cherche plus de détails :

« Pouvez-vous m'expliquer ça ?
– Oui, les jeunes Noirs contre les jeunes Blancs.
– Mais pourquoi faire ça ?
– Comme ça, pour voir.
– Mais pour voir quoi ?
– Mais pour voir, observer. Il n'y a rien de méchant là-dedans. Et n'allez pas chercher la merde là où il n'y en a pas, hein !
– Vous vouliez voir qui étaient les plus forts ?
– Oui, entre autres, mais pas seulement. »

Agacé par des questions qui n'avaient visiblement pas lieu d'être, Montgomery-Dusseau n'est pas allé plus loin. C'est donc juste pour voir que le docteur Merelle organisait des oppositions entre Noirs et Blancs. Juste pour voir.

Vers la fin de leur mission, à l'aube de la retraite, « Romulus et Rémus » sont entrés en conflit avec les dirigeants de la DTN et avec le sélectionneur, Laurent Blanc. Avec le précédent, Domenech, ça se passait beaucoup mieux. Il faut dire que Domenech a porté à son paroxysme le concept du joueur solide et costaud.

## *Le quota de bêtise de la FFF*

C'est la rencontre, l'explosion, la bêtise des réflexions au sein de la FFF qui ont participé à la fameuse affaire des quotas. Dans la tourmente : François Blaquart, nouveau DTN, et Laurent Blanc, en poste à partir de 2010. C'est la révélation de discussions privées auxquelles ont participé Blaquart et Blanc qui a déclenché l'affaire.

Le fiasco de l'équipe de France à la Coupe du monde 2010 a logiquement donné lieu à des interrogations sur le niveau des joueurs, sur leur formation. Au-delà de leur attitude, avaient-ils le niveau technique ? Blaquart et Blanc observent que l'Espagne domine le foot avec ses clubs et avec sa sélection. La technique prend le pas sur le physique. C'est toute la réflexion sur la prééminence du joueur solide et costaud qui s'écroule. Les raccourcis vont encore dominer. En Espagne, il n'y a pas de grands Noirs, est-ce à dire qu'il n'y en a pas besoin, ou moins besoin ?

Mohamed Belkacemi, conseiller technique national et éducateur, a enregistré l'une de ces conversations de « haut vol ». La bande a fini dans les mains d'un journaliste de Médiapart. Le scandale pouvait éclater.

L'autre volet de l'affaire est celui qui est lié au binationaux. Là encore, la base de la réflexion naît du fiasco de 2010. Le joueur français aime-t-il son pays ? Le public a senti que porter le maillot Bleu n'était pas une fierté, comment lutter contre cette perte de patriotisme ? Par quel bout prendre ce problème ? Blaquart et Blanc se demandent si être binational n'est pas le début d'un souci dans l'attachement qu'il faut avoir lorsqu'on porte le maillot tricolore.

Être binational, en foot, offre un statut particulier. Celui de pouvoir choisir la couleur de son maillot national n'est pas en soi illogique, loin s'en faut. C'est en revanche plus vicieux quand ce choix peut être fait et refait alors qu'on a déjà porté un autre maillot une fois. Un jeune peut ainsi choisir la France en sélection de jeunes, puis voyant que gravir les échelons jusqu'à la grande équipe devient trop difficile, changer d'avis et revenir à son pays d'origine. C'est ce patriotisme de circonstance, opportuniste, qu'évoquaient les responsables de la FFF lors des discussions qui ont abouti à l'affaire des quotas. En gros, pour ne pas se poser la question de l'attachement du joueur au maillot, faisons attention au nombre de binationaux dans notre formation.

Et sur ce point, les règlements de la FIFA n'aident pas. L'institution dirigeante du football mondial prévoit en effet qu'un jeune peut avoir évolué avec un pays dans toutes les sélections de jeunes, puis avoir évolué avec les A lors d'un match amical et revenir finalement à son pays d'origine. Pour accéder à une requête de certains pays africains, et notamment à celle de la fédération algérienne, la FIFA a modifié son règlement en repoussant au plus tard possible le moment du choix. Cela permet à certains pays d'élargir leur réservoir de joueurs potentiels. Le DTN François Blaquart commente cette décision de la FIFA : « *En prenant cette décision, en 2008, Sepp Blatter envoie un message politique officieux à la CAF* (Confédération africaine de football, ndla). *Il leur dit : vous qui êtes à la recherche de joueurs qui ont des formations en Europe, vous pourrez récupérer des joueurs formés en Europe et ce, pour 0 euro, et les intégrer chez vous. Pour le joueur, c'est une perspective économique intéressante. Il ne perce pas en Europe, mais d'un coup se voit offrir la possibilité de changer de couleur et par exemple d'aller jouer la CAN et de profiter de son exposition.* »

Ce patriotisme opportuniste agace peut-être plus en Afrique qu'en Europe et en France. La plupart des pays africains ont eu récemment à faire face à des polémiques sur les joueurs qui venaient jouer en sélection quand bon leur semblait ou à reculons, bref qui profitaient du système, en faisant prévaloir d'abord leur intérêt personnel.

Sur cette question de la binationalité, on ne peut pas ne pas souligner que l'opportunisme existe également du côté fédéral. Si la réflexion autour du concept d'attachement est récente, pendant longtemps, on n'a pas hésité à sélectionner un jeune d'origine étrangère auquel on trouvait des qualités, juste pour le « bloquer ». Lui signifier qu'on comptait sur lui, même si aucune garantie ne pouvait lui être donnée quant à une carrière ultérieure chez les A. De la même façon, au milieu des années 2000, la FFF a cherché à récupérer l'Argentin Gonzalo Higuain (devenu ensuite international albiceleste et joueur du Real Madrid) parce qu'il était né en France. Higuain ne parlait pas un mot de français et ne se sentait absolument pas français. La notion de patriotisme, en ce qui le concerne, aurait été difficile à évoquer.

À la suite de cette affaire des quotas, Blaquart a été suspendu, le temps de l'enquête, avant de revenir logiquement reprendre sa place à la FFF. « *C'est un malentendu et un énorme mensonge. Le sujet et la thématique de la discussion ne concernaient que la nationalité des joueurs. C'est l'interprétation de Médiapart qui a tout transformé. Je reconnais toutefois que certains mots étaient inappropriés. La personne qui a procédé à l'enregistrement a voulu se venger car elle venait d'apprendre qu'elle n'était pas nommée entraîneur national. Ça, personne ne l'a jamais dit. Il y a eu un rapport de l'État. Une enquête démontrant que la DTN n'a rien fait de mal. Sans que l'on sache pourquoi, Madame Jouanno, alors ministre des Sports, a refusé de le publier.* »

Impliqué dans cette affaire puisque positionné du côté de l'accusation, André Merelle souhaite revenir sur le dossier qui, selon lui, déborde largement du cadre lié au problème de la binationalité : « *Blanc s'est fait piéger. Et je préfère ne rien penser de ce con de Blaquart. C'est un enfoiré de première qui est en train de faire le ménage à la FFF.* »

Pour Merelle, tout vient du fiasco de 2010 : « *Je n'ai rien compris à l'histoire de la grève du bus. Et j'aurais voulu qu'on vire tout le monde. Mais ce que l'on a dit après ne m'a pas plu du tout. Le fait de stigmatiser certaines personnes, notamment. Ils sont blacks pour la plupart, ils viennent de banlieues et en plus, ils sont musulmans. C'était ça le sous-entendu, non ? C'est pour ça qu'à la FFF, ils en sont arrivés à parler de quotas. Lorsque j'ai été interrogé sur les quotas, je n'ai pas tout dit. J'aurais pu aussi parler du racisme ordinaire de certains. Sachez en outre que le sujet des binationaux était dans l'air depuis un moment et que c'était même un sujet de plaisanterie pour beaucoup. Chaque début de saison, on venait me trouver pour faire un bilan. Et je répondais :*

“Désolé, il y a encore plus sinon autant de Blacks chez moi”. *Il y a même un con qui a dit que je prenais beaucoup de Blacks parce que ma femme est black. J’ai aussi entendu en pleine réunion à la DTN :* “Ces gens de banlieue ont certaines caractéristiques ethniques.” *C’est un peu ça le racisme, non ? Le fait que, dès le départ, on leur reconnaisse certaines caractéristiques.* »

L’occasion est trop belle de parler à Merelle des choix qui étaient faits à l’INF en rapport avec ces caractéristiques, justement. « *Mais notre philosophie n’était pas de prendre des Blacks parce qu’ils étaient grands et costauds. Mais par exemple, quand on est dans une compétition de minimes et que vous mettez un grand Black devant et un derrière, vous avez tout de même un peu plus de chances de gagner.* » Merelle, ou quand la contradiction devient un art.

Cessant l’exercice du « et alors ? », Merelle accepte d’aller plus loin. De sortir du château et d’envisager le foot au-delà du jeu. Il refuse d’établir un lien entre l’origine sociale des joueurs et leur attitude : « *Nous ne sommes pas une grande nation de football. On est souvent à la place où l’on doit être. Nous n’avons pas la puissance de l’Allemagne, de l’Angleterre, de l’Espagne, de l’Italie. Et surtout, nous n’avons pas la passion. Le foot a toujours été un sport de pauvres. Nos joueurs viennent de là. On doit en tenir compte. Les footballeurs ont des tics de langage, des tics vestimentaires. On ne peut pas faire grand-chose. Lorsqu’ils arrivent chez nous, on essaye de les éduquer le mieux possible mais on ne peut pas tout faire. On leur interdisait les boucles d’oreille, les écouteurs, les baggys, mais dès qu’ils franchissaient la porte du centre, ils les remettaient. Ils avaient l’impression qu’on les brimait. Ça fait partie de leurs codes.* »

Et parmi ces nouveaux codes, il y a le rapport à l'autorité : « *J'ai eu face à moi des juniors comme Papin, des mômes de 17 ans. Lorsque vous les convoquiez dans votre bureau, ils chiaient dans leur froc. Ils étaient au garde-à-vous. Maintenant, le gosse, lorsque vous l'engueulez, il s'en fout. Cause toujours. Il est au-dessus de ça.* »

Mais encore une fois, Merelle ne veut pas s'en prendre principalement aux jeunes joueurs : « *Les jeunes se font beaucoup d'illusions parce qu'on leur permet d'avoir des illusions. Tous ces recruteurs qui tournent autour des gamins dès qu'ils ont 10-11-12 ans. Les recruteurs se battent entre eux pour faire signer un môme de plus en plus tôt. Vous croyez que c'est une bonne chose ? Parfois, on en voit arriver à l'INF à 12-13 ans et ils ont déjà signé des précontrats dans des clubs. Ça va forcément influer sur le caractère du joueur, sa faculté d'écoute. L'influence des parents devient alors très forte car ils placent beaucoup d'espoir dans leur fils. J'entends beaucoup de choses : faut les éduquer, faut faire ci ou ça. Ok, eh bien faites-le. Proposez. Donnez-moi la solution.* »

## *La passion du jeu en berne*

La solution, c'est donc François Blaquart, l'ennemi intime de Merelle, qui est chargé de la trouver. Depuis 2010, à la DTN, il veut entamer ce qui doit ressembler à une révolution pour le foot français. Son modèle, c'est l'Espagne. Il est même, aux dires de certains, un peu trop porté sur le foot espagnol, au point que cela vire à l'obsession.

C'est dans son bureau, à la DTN, qu'il m'explique sa politique : « *On pense tout d'abord qu'il y a un abandon du foot par le milieu rural. On doit se pencher là-dessus. Un enfant issu du milieu rural, quels que soient les efforts que nous faisons en termes de détection et de structure, est plus facilement oublié qu'un enfant de milieu urbain. On joue dans des bons clubs de Division d'Honneur à 13-15 ans, et ces clubs sont dans ou proches des grandes villes. Le jeune est alors mieux suivi, repéré. En outre, dans ces clubs, on s'entraîne plus, donc le jeune est en avance au niveau de l'expérience. Le jeune du milieu rural n'a, lui, pas la chance d'avoir tout de suite un bon entraîneur, de participer à des compétitions qui le mettent en valeur. On a sur ce dossier de vraies statistiques. Principalement, donc, nos jeunes viennent de milieux urbains. Automatiquement, ça modifie l'approche, l'identité des jeunes. Et on voit clairement que la notion de réussite sociale prend largement le pas sur l'épanouissement passion. Aujourd'hui, nous sommes dans l'idée presque unique que le sport offre la réussite sociale. Et ça modifie toute l'approche, toute la réflexion.* »

Le jeune vient donc d'abord dans l'optique de signer un contrat pro. Le centre de formation n'est plus une école de foot, de passion. On y vient pour apprendre un métier et signer son premier contrat le plus rapidement possible. Et face à cette nouvelle donne, l'INF ou le centre de formation d'un club sont souvent dépassés. Blaquart poursuit : « *On attribue au foot des responsabilités qui ne sont pas les siennes. Qu'on le veuille ou non, l'éducation est d'abord le rôle de la famille. On sait que ce problème de réussite sociale est exacerbé au niveau des banlieues et des grandes villes. La question est de savoir : qui faut-il sélectionner ?* » Et c'est au moment de se poser cette question qu'on cherche à éviter le dérapage. La glissade vers les quotas, le jugement du joueur selon son origine sociale, son univers social, son entourage… « *Pendant des années, jusqu'en 2004-2006, et encore plus après 2010, on avait une approche techniciste pure. On prenait le joueur qu'on jugeait bon, tout simplement. Mais un joueur bon avec le ballon n'est pas forcément un joueur qui sait jouer. Nous mettons l'accent sur l'état d'esprit, nous voulons insister sur l'intelligence. Les jeunes qui ont des problèmes de comportement, on sait qu'ils auront du mal à s'insérer dans un collectif* », explique Blaquart.

Comment calcule-t-on l'intelligence, le comportement présent – mais aussi à venir – du jeune joueur ? Le sujet devient délicat. « *L'approche est psychologique et on procède à des tests. Nous sommes en train de travailler sur des protocoles. C'est scientifique, donc nous travaillons avec des experts. On a mis en place une cellule de recherche. On travaille avec d'autres sports, le rugby par exemple, avec l'armée aussi. La question est : qui doit-on amener dans nos filières et dans nos pôles ? On pose des questions aux jeunes sur leur attachement au jeu, à l'équipe. Ce ne sont que des questions liées au foot, à la passion, à l'état d'esprit. On peut évaluer les potentialités de performance. Même chose pour l'état mental. Il va falloir être capable avec le temps de dire : lui a le profil, ou lui va nous claquer dans les doigts.* »

La nouvelle approche de la DTN apparaît donc complexe, et elle le devient encore plus lorsque Blaquart évoque la notion d'attachement. Comment, en effet, travailler sur l'attachement à un club, à une sélection ? « *La notion d'identification à la région me semble capitale dans la réussite. Toutes nos études le montrent. Nous préconisons que les clubs recrutent dans leur région car nous nous sommes aperçus qu'un joueur qui vient dans le club de sa région a trois fois plus de chances de réussir que s'il part loin de chez lui* », explique le DTN. Les directeurs des centres de formation de Lyon, Marseille, Lille et Paris interrogés ont tous confirmés travailler dans ce sens, désormais.

Blaquart poursuit son argumentation : « *Dans toutes les études que nous avons faites, on note qu'il y a quatre clubs au maximum qui réussissent avec des jeunes Parisiens. Gérer les jeunes de banlieue parisienne est compliqué. Pour beaucoup, ça vire à l'échec. Un club de l'Est de la France a pris 26 Parisiens en huit ans, aucun n'est devenu professionnel. Il en a pris 8 de sa région et 4 sont devenus pros.* »

L'autre élément relevé par les études de la FFF est la mobilité toujours plus grande des jeunes joueurs. Le public, qui aime voir des équipes de joueurs attachés à leur club, à leurs couleurs, doit comprendre que le phénomène est rare. Comme le disait récemment le sélectionneur Didier Deschamps, le joueur joue d'abord pour lui, son contrat, son argent. Dans son esprit, le public vient en dernier. La vision romantique du joueur lié viscéralement à un maillot a fait long feu. Un jeune joueur devient très tôt un grand consommateur de clubs. Un adolescent de 15-16 ans peut ainsi souvent avoir connu cinq ou six clubs déjà. Et il n'est pas rare de le voir changer en cours d'année. L'entraîneur ne le fait pas jouer, il n'aime pas ses coéquipiers, tout est motif à une mobilité qui ne vise qu'un but, une progression rapide. Une progression vers le premier contrat pro. Blaquart déplore cet état de fait et conclut : « *Quand on leur dit ça, les Espagnols nous rient à la gueule.* »

## *La mauvaise éducation comme règle…*

En 2004, l'ethnologue Julien Goron, auteur d'une thèse sur la formation des footballeurs français, s'est plongé au cœur du système. Voici en substance le fruit de son observation : « *Lorsque j'ai débuté mes observations à l'INF, une promotion particulièrement indocile, ne reculant devant presque aucune sanction, se livrait à un véritable bras de fer avec l'institution. Pour ces jeunes de 15 ans, touchant pourtant du bout des doigts leur rêve, la tentation de jouer avec le feu semblait l'emporter… Il est apparu que ces indisciplines caractérisaient, en réalité, les conduites d'une jeunesse en prise avec un dispositif carcéral.*

*L'exploitation du talent footballistique dans la précocité du recrutement peut s'envisager comme une succession d'épreuves : la rupture avec la famille amorce un processus d'acculturation à une nouvelle existence faite de discipline et de concessions, où la vie de groupe occupe une place centrale.*

*Pour ces adolescents, généralement plus accoutumés à la culture des rues qu'à la culture scolaire et militaire, être un pensionnaire de l'INF est un accomplissement et un bonheur. Mais c'est aussi, à la longue, la frustration de ne pas profiter de sa jeunesse, voire de la gâcher… Face à ce dispositif de contraintes des corps et des esprits, pour se délasser et agrémenter leur séjour, les pensionnaires inventent collectivement des formes ludiques de sociabilité reposant sur le modèle des pratiques prohibées (simulation de vol, bagarre). Par exemple, dérober un objet peut permettre d'administrer au groupe la preuve de sa malice : "Je ne l'ai pas volé Assoune ! J'ai juste voulu lui montrer que j'étais capable de le faire."*

*Si cette pulsion pour le jeu est une composante stable pour presque tous les pensionnaires, il ne faut pas la confondre avec l'indiscipline. La promotion des "indociles" de 2004 – de la même génération que Yann M'Vila – souffrait déjà de cet enfermement relatif.*

*Ils étaient recrutés presque exclusivement sur la base de leur talent footballistique ; l'accompagnement scolaire et pédagogique de l'époque était insuffisant. Alors qu'ils étaient livrés à eux-mêmes dans leur internat, leur étage était presque devenu une zone de non-droit désertée par les surveillants :* "Quand on me dit le lendemain que trois gosses étaient dehors à minuit, je ne pige pas", *me confiait un médecin, en 2004.*

*L'examen des racines de cette déviance sociale – qui n'est pas sans rappeler l'épisode de Knysna – relativise leur position de sauvageons. Il rend compte plutôt de cette nécessité de remise en question et de refonte – amorcées en 2010 à l'INF – d'un dispositif de formation vieillissant et usé, notamment par la célébration exagérée des victoires du passé où le mythe des Bleus de 1998 est omniprésent :* "C'est à partir de 1998 que la fédération s'est trop reposée sur ses lauriers", *me confiait un agent de joueurs réputé, en 2008. Les prodiges du ballon rond – qui étaient des élèves "décrocheurs" – bénéficiant d'un bon contrat et d'une immunité sportive étaient ceux qui se mettaient le plus en danger. Conscients de leur marge de liberté, ils s'illustraient régulièrement dans des affaires sanctionnées par de l'exclusion définitive (fugue nocturne, dégradation, vol).*

*Par ces conduites ordaliques, ils trouvaient le moyen de densifier leur image, auprès des cadets notamment. Les indisciplines à répétition de Yann M'Vila, aîné de l'équipe de France Espoirs et déjà sélectionné chez les A, s'inscrivent précisément dans ce cas de figure.*

*Paradoxalement, les pensionnaires en difficulté sur tous les aspects se montraient quant à eux plus tempérés… Leur seule motivation consistait à recueillir de la reconnaissance auprès du groupe de pairs. Bien qu'ils aient été en réussite sportive, la fugue des trois espoirs les plus jeunes témoigne d'un désir d'appartenance trouvant vraisemblablement sa pertinence dans l'exercice d'un rituel initiatique.* »

L'enquête de Julien Goron, ses analyses, sont confortées par le témoignage de ce joueur de bon club de L1, ex international. Il n'a pas demandé tout de suite à ce que ses propos soient *off*. Mais après réflexion, il a senti qu'il ne pouvait pas assumer de porter ça tout seul. « *Avec le nom que j'ai et ma tête, on va tout de suite dire que je suis raciste. Tu sais bien qu'en France, il y a des choses qu'on ne peut pas dire.* » Mais peu importe l'anonymat requis, le témoignage reste édifiant : « *Le centre de formation, c'est la jungle. Je l'ai vécu comme ça. C'est la loi du plus fort. L'extraction sociale de la majorité des joueurs explique cet état de fait. Les mecs qui viennent de quartiers imposent cette mentalité. Ils sont habitués à se battre dans tous les sens du terme. Ils ont la rage, une volonté de s'en sortir, d'oublier les galères qu'ils ont pu connaître. Beaucoup vivent avec l'idée qu'ils ont connu le rejet, une forme d'exclusion. Dans le foot, ils sont d'un coup majoritaires, dominants. Et ce sont leurs codes qui s'imposent. Il est difficile de parler d'éducation parce que la règle, ça semble être devenu la mauvaise éducation. Et puis, les mecs comme moi, on devient les "Céfrancs" quand ce n'est pas le "gouer". Dans cet univers, il faut être costaud pour s'en sortir quand tu es différent.* »

## *L'argent toujours plus tôt...*

Dans les clubs, les problématiques sont les mêmes qu'à l'INF. Population difficile, autorité à affirmer et réponses à trouver. C'est généralement à 15 ans qu'un jeune intègre un centre de formation. S'il a fait l'INF, le club l'aura repéré à Clairefontaine, lors de sa préformation. Logiquement, quatre ans plus tard, le joueur a ou non la possibilité de devenir professionnel. Mais pour ceux qui vont fréquenter les sélections nationales de jeunes, pour les plus doués d'entre eux, l'opportunité, les sollicitations, peuvent venir plus vite.

L'idée selon laquelle le jeune effectue tranquillement sa formation, coupé du monde extérieur, est fausse. Avant même d'intégrer le centre, tous les éléments de sa vie future sont présents. Agent, argent, les spéculations sur l'avenir du jeune joueur apparaissent très tôt. Et payer des jeunes joueurs pour qu'ils viennent dans tel centre de formation plutôt que dans un autre est un phénomène qui existe. Le Stade Rennais, longtemps considéré comme possédant le meilleur centre de formation de France, procédait de cette façon et n'hésitait pas à acheter, miser sur un jeune de 13 ans. C'est comme ça que ce club a notamment supplanté le FC Nantes dans la région.

Directeur du centre de formation de l'OM, Henri Stambouli nous dévoile les coulisses de ce genre de recrutement : « *L'année dernière, on suit un gamin de 13 ans dans le Var. On lui fait part de notre intérêt. Dans le même temps, Monaco se manifeste, puis Saint-Étienne, Lyon, Montpellier et Nice. La lutte commence. On drague les parents, le père. On lui fait une proposition de contrat. Le père dit oui mais ajoute qu'il aimerait bien qu'on lui trouve un boulot parce qu'il n'en a plus et qu'il est dans la merde. Le système devient ainsi vite pervers et chacun se fixe ses limites face à ces demandes. Sur ce dossier, on a donc reculé. Et puis, quelques semaines plus tard, avec les*

*19 ans, on est à Londres pour un tournoi. Et sur qui je tombe à l'hôtel ? Le môme du Var de 13 ans. Il était là, avec sa mère, son père. C'est le club de Chelsea qui lui avait offert un stage. On lui en mettait plein la vue au gamin. Comment il fait pour ne pas péter un câble ? Le système débloque. Pendant que nous, on observait le gamin chez lui dans le Var, un agent l'avait déjà approché et lui a vendu Chelsea. T'as des agents de partout qui s'installent dans une région et qui regardent tous les mômes. Ils font des dossiers complets. Rien ne leur échappe. Et quand ce cas de figure se présente sur un môme de 17 ans qui est dans ton centre, eh bien pour ne pas risquer de le perdre, de voir partir une éventuelle pépite, tu te précipites et tu fais signer très vite, trop vite, le premier contrat pro.* »

La peur de perdre un jeune qui deviendra plus tard une vedette hante les clubs et les directeurs de centres, qui ne manqueront pas d'être remis en cause dans le cas échéant. Investir sur un jeune peut alors présenter de gros risques, et chaque club traîne ses tristes expériences dans le domaine. À Marseille, c'est le cas de Billel Omrani, jeune espoir visiblement mal observé, auquel on a offert trop tôt un contrat de trois ans + deux en option avec un confortable salaire de près de 8 000 euros à 18 ans. Pourtant, dès les premiers entraînements, l'ex entraîneur de l'OM, Didier Deschamps, a vite vu que le supposé futur crack ne valait pas grand-chose en réalité. Le comportement épouvantable du joueur, pressé d'acheter une grosse voiture dès le contrat signé, a fini de conclure à l'erreur manifeste.

Mathieu Grégoire est journaliste au *Parisien*. En novembre 2012, il a enquêté sur le centre de formation de l'OM : « *Omrani, c'est un symbole des erreurs du système. Une famille avec un père omniprésent qui veut voir ses fils réussir dans le foot, faire du blé. Le premier fils va à Lens. Ça se passe mal. Il se fait virer. Le père va à Marseille, crache sur le centre de formation de Lens qui n'a pas su gérer son fils. Finalement, c'est le petit qui vient à l'OM et il a lui aussi un comportement inadéquat. Pourtant et malgré toutes les réserves, on lui file à 18 ans un contrat important. Deschamps s'était montré très réservé. Elie Baup après lui confirmera cette impression et le gamin se retrouve avec un contrat 3 + 2 ! C'est fou. L'OM a un sérieux problème avec sa formation.* » Un centre de formation qui ne laisse visiblement pas un grand souvenir à ses anciens élèves. Samir Nasri, l'une des vedettes sorties du centre, n'est ainsi jamais revenu là où il a été formé. De la même façon et alors qu'ils s'entraînent juste à côté, les frères André et Jordan Ayew ne vont jamais saluer les jeunes du centre. Un lien passé-présent qui aurait pourtant du sens.

## *La peur d'être le con de service...*

Le centre de formation du Havre fait de son côté partie des plus réputés de France et la peur de voir filer trop vite un bon joueur, de perdre son éventuelle rentabilité, a souvent poussé les dirigeants à faire signer le premier contrat pro trop vite. La prise de conscience post-2010 a semble-t-il calmé les peureux et les impatients. Ceux qui craignaient le qu'en dira-t-on en cas d'erreur sur un joueur devenu plus tard un crack.

Rémi Garde explique la politique mise en place à l'OL : « *Si un jeune joueur signe son premier contrat chez nous, c'est que 8 fois sur 10, nous avons de réels espoirs de réussite pour lui. Des certitudes au niveau de sa personnalité, de son caractère, de son environnement proche, de son approche du travail, de la discipline et de sa capacité à se remettre en question. On ne peut plus travailler en ayant peur de passer pour des cons, si on laisse partir un joueur et qu'il signe ailleurs avant d'être revendu 10 millions trois ans plus tard. Certaines situations pouvaient virer au chantage. Prenons le cas du gamin qui termine son contrat d'aspirant à 17 ans. Souvent, il ne veut pas signer un contrat stagiaire de deux ans. Ça peut être le cas de jeunes qui sont déjà internationaux, suivis par les plus grands clubs. Le jeune vient avec son père, son agent, et ils nous disent si vous ne me faites pas signer pro, on va ailleurs. Le règlement t'autorise juste à récupérer plus tard 90 000 euros par année de formation.* » Et parfois, certains clubs doivent se contenter de ça. Le cas du jeune espoir Paul Pogba peut illustrer la concurrence qui existe entre les clubs, la course à l'investissement. Pogba était au Havre quand l'OL lui a proposé une somme raisonnable et, surtout, un projet sportif cohérent. Mais quand Manchester United s'est manifesté avec une offre financière beaucoup plus importante, Lyon ne pouvait plus rivaliser. Cet univers concourt à rendre le gamin complètement individualiste. À Manchester, Pogba n'a visiblement pas eu ce qu'il souhaitait. Le jeune Français ne s'est pas entendu avec le pourtant très respecté Alex Ferguson. Parti à la Juventus, Pogba s'est imposé et est même devenu depuis international A. On est précisément ici dans le cadre d'une gestion de carrière avec mobilité en option première.

« *Beaucoup d'agents gèrent les joueurs comme on ferait avec un portefeuille boursier. On fait parfois monter artificiellement la valeur d'un joueur. On fait croire au joueur, au club, que plusieurs autres clubs s'intéressent au jeune. On fait monter la sauce, on parle de phénomène. L'agent n'hésite pas à appeler une rédaction, lance une rumeur, ça gonfle et ça crée un buzz autour d'un jeune gamin* », explique Stambouli, le formateur de l'OM.

Souvent, le joueur n'est même pas au courant qu'il est au centre d'un imbroglio inventé. Le cas « comique » de Loris Arnaud est révélateur. Jeune issu du centre de formation du PSG, Arnaud fait quelques apparitions dans le groupe pro. Le but de son agent étant de vite faire monter les enchères autour de son poulain, il invente alors un intérêt du Real Madrid et de la Juventus pour un joueur très loin d'afficher des qualités de futur cador. Mais plus c'est gros, plus ça passe. Certains médias relaient la rumeur, le buzz est lancé. Contactés, les clubs en question ne savent même pas qui est ce joueur. Son agent parle pourtant d'un fax prouvant tout cela. Le PSG est obligé de nier. Visiblement incapable d'évaluer son niveau, le joueur croit dur comme fer à la version de l'agent. Il va au siège du club et demande où est le fax qu'on lui cache. L'histoire ne dit pas si Loris Arnaud, qui évolue aujourd'hui dans le championnat bulgare, croit encore qu'on lui a caché la vérité. Henri Stambouli est assez pessimiste quant à cette situation : « *Le processus démarre pour moi à 13 ans. Et ça veut donc dire qu'entre 10 et 12 ans, on rôde déjà autour des gamins. On va les flinguer d'avance, c'est mort-né. Pour moi, c'est mort-né.* »

## *L'usine à footeux...*

La situation économique du football français a poussé les clubs à miser davantage encore sur la formation. Longtemps considéré comme un pays formateur envié, la France a accentué ce savoir-faire. Derrière le Brésil, la France est ainsi le deuxième pays exportateur de footballeurs. Le problème, c'est que le système s'est perverti. La France est ainsi devenue une véritable fabrique à joueurs, une usine dont la qualité des produits a considérablement baissé. Et si autour de la génération de France 98, beaucoup de joueurs fréquentaient les grands clubs européens tout en y étant des joueurs importants, le phénomène s'est raréfié. Le foot pro ne contrôlant pas assez ses revenus, on s'est lancé à fond dans une formation massive, source de revenus vitale.

Le classement des centres de formation, autrefois inexistant puis accessoire, est même devenu primordial pour les clubs. Un label de qualité. Une garantie à afficher sur sa vitrine afin de séduire l'acheteur étranger. Ces dernières années, Rennes a souvent dominé ce classement. À défaut d'obtenir de bons résultats sportifs, le club brillait dans ce secteur. Mais dans un entretien accordé au magazine *France Football*, en septembre 2012, le président du club, Frédéric de Saint-Sernin, déclarait que, certes, Rennes formait beaucoup de joueurs devenus pros, mais il ajoutait sous forme de question : « *Quels sont les grands joueurs que nous avons eus ?* » Et pendant que les résultats des clubs français, le niveau du championnat de France et les résultats de la sélection confirment l'idée d'une production *low cost*, toute la famille du foot français enfile sa veste de VRP et se réjouit publiquement de la qualité de sa formation.

Revenons au cœur du système avec deux cas pratiques. Lille et le PSG. Les deux clubs consacrent respectivement 4 et

5 millions à la formation. Adossé au domaine de Luchin, un outil à la pointe, des structures de travail idéales, Jean-Michel Vandamme dirige la formation du LOSC. Il ne déroge pas à la règle qui veut que, depuis l'année 2010, le comportement du joueur soit devenu le critère numéro un. Le ballon et ce que le jeune fait avec n'est plus la priorité. Vandamme nous explique sa vision de la formation : « *La première chose importante pour bien former un joueur est de réduire l'intervalle qui existe entre les différents acteurs du projet. Avant, il n'y avait que deux acteurs : le joueur et le formateur. Maintenant, il y en a beaucoup plus, les parents, le tonton, l'agent. Le discours de l'entraîneur ou de l'éducateur n'a plus la même valeur qu'avant car il est parasité par d'autres interlocuteurs. La passion du foot reste intacte chez les 6-12 ans. En revanche, à 13 ans, ça commence à être plus compliqué.*

*Il y a dix ans, je faisais 70 % de foot et 30 % d'éducation. Aujourd'hui, les formateurs font l'inverse. C'est pour ça que maintenant, les compétences de l'entraîneur et du formateur doivent être fatalement différentes par rapport au passé. Et il nous faut en plus de vrais spécialistes en matière de com' car le relationnel est déterminant.* »

À l'instar de tous les autres directeurs de centres, Vandamme part du constat que le jeune joueur actuel vient d'un univers social défavorisé dans lequel la cellule familiale n'est pas ou n'a pas été assez solide pour transmettre des principes éducatifs de base. Lutter contre une démarche individualiste, faire comprendre l'importance du projet collectif, sont en outre des difficultés que lui comme les autres rencontrent en permanence.

À Paris, c'est Bertrand Reuzeau qui fait grandir les jeunes joueurs. Et son souci principal, c'est l'autorité. Si pendant longtemps, on a hésité à sanctionner, voire à exclure du centre un jeune indiscipliné, c'est nettement moins le cas aujourd'hui. À Lille, le cas de sanction le plus célèbre concerne la star Franck Ribéry. « *À 15 ans, on a été obligé d'arrêter. Le foot ça allait, mais au niveau scolaire, c'était une catastrophe. On a essayé et puis il a fallu dire stop.* » L'étiquette de club qui a viré Ribéry a collé au LOSC, mais elle est tranquillement assumée aujourd'hui.

Comme à Lille ou à Paris, on prend les joueurs de plus en plus tôt. La préformation s'est ainsi développée et c'est presque comme une famille ou une école de substitution. Le club devient alors l'élément central dans la vie du jeune joueur. Reuzeau explique quels sont les premiers contacts avec la jeune recrue : « *Avant de prendre un gamin en préfo, je me rends toujours chez lui. Il faut discuter avec les parents, savoir comment est l'entourage du jeune. Je suis toujours bien accueilli, mais ce qui me choque à chaque fois, c'est de voir à quel point on me prend pour un sauveur. L'enfant, si je le prends, va devenir le personnage central de la famille. C'est une lourde responsabilité. Au PSG, on a une chance sur deux de passer pro, je parle de tous les niveaux, de la L1 au National. En cas d'échec, on fait tout pour pas lâcher le môme. On lui cherche un débouché ailleurs. On peut lui proposer un petit boulot, une formation différente. En quelque sorte, on fait du social.* »

« *J'ai vécu des scènes hallucinantes*, raconte Rémi Garde. *Lorsque vous allez voir un jeune de 14-15 ans, vous lui parlez, vous allez voir la famille qui a déjà reçu sept ou huit propositions financières de clubs et vous vous rendez compte que c'est le petit jeune qui va faire bouillir la marmite. Tout repose sur lui et là, la famille se dit : ça y est, c'est lui le chef. Comment un gamin peut-il rester structuré ? Comment ce transfert de responsabilité familiale ne peut-il pas déstabiliser l'adolescent ? Comment la notion d'autorité peut-elle résister à un tel bouleversement des rôles ? Un père smicard ou au chômage et son fils avec un contrat financier important en poche à 15 ans ?* »

Pour résoudre les problèmes de comportement, d'indiscipline, la solution de faire appel à des éducateurs venant des quartiers a nécessairement été avancée. Tous les directeurs de centres écartent l'idée d'une discrimination positive, qui semble être un sujet tabou, et tiennent à préciser que ce sont d'abord les compétences qui doivent être retenues. Au PSG, Reuzeau a toutefois essayé : « *Ça n'a pas marché, parce qu'on a vu la mise en place de codes spécifiques entre eux. C'était inadéquat avec la vie globale du centre.* » À Lille, Vandamme s'appuie sur les compétences de Rachid Chiabe, le responsable du centre. « *Quand il doit parler de l'islam à des gamins qui se laisseraient aller à un excès de zèle en la matière, il est légitime et écouté.* »

La discrimination positive, Jamel Sandjak, le président de la Ligue de Paris, ne veut pas non plus en entendre parler. Et ce, même si, dans le même temps, il milite pour une représentation plus importante de personnes issues de quartiers dans les structures de direction. De la même façon, l'ex international Willy Sagnol, aujourd'hui manager des équipes de France à la FFF, se pose sérieusement la question d'un renouvellement de ses éducateurs pour être en phase avec les jeunes pratiquants.

À Marseille, on cherche aussi la bonne voie. Seizième du classement des centres de formation sur trente-deux, l'OM traîne une réputation de cancre. À Marseille, on s'en défend, un peu. « *Il faut voir qui les autres font signer juste pour être bien classés.* » Pour les résultats au bac, aussi, Marseille est loin derrière les autres. Mais, là encore, on réplique que ce classement ne veut pas dire grand-chose : « *Si tu présentes que deux gamins, tu fais 100 % et t'es premier.* » En attendant de progresser au classement, les clefs du centre dans le domaine si important de la discipline et du comportement ont été confiées à Rani Berbachi, ancien champion du monde poids lourds de kick-boxing. C'est une sorte de méchant flic du bâtiment, chargé de la discipline. À quand le centre de formation transformé en caserne militaire ?

Nabil Abbas a 17 ans et tente de faire sa place à l'OM. Il admire Samir Nasri, ancien pensionnaire du club. Pour défendre son idole du traitement médiatique reçu après l'Euro 2012, il insiste sur les clichés et regrette qu'on stigmatise les footballeurs, les banlieues, l'argent du foot et l'absence d'études. « *C'est à cause de tout ça qu'on nous traite de racailles* », déplore-t-il…

# L'argent et l'agent

« *Le problème majeur, c'est que l'intérêt sportif n'est plus une priorité. Le combat est perdu d'avance. Il y a toujours l'agent, le frère, le père, la mère, l'oncle pour parler en dernier et avoir raison aux yeux du joueur. Un jeune joueur un peu talentueux devient très vite comme le chef d'une petite entreprise qui peut rapporter beaucoup d'argent. À 12-13 ans, certains joueurs ont déjà un agent. La notion de plaisir disparaît alors petit à petit.* » Didier Deschamps n'est pas du genre optimiste. Le sélectionneur des Bleus sait fatalement qu'avant de faire ce qu'il veut, il doit d'abord faire ce qu'il peut.

Cette notion de plaisir, qui semble être de moins en moins présente, est largement évoquée par les acteurs rencontrés. L'argent qui « pourrit tout » est ainsi le premier argument avancé pour expliquer l'attitude de joueurs ayant une propension toujours plus grande à la vénalité.

## *Le joueur est un produit*

La petite entreprise que représente le joueur de foot doit tourner, et il est hors de question qu'elle s'arrête. L'arrêt revêt ici deux aspects.

Le premier, c'est de ne plus jouer dans son club. L'entraîneur fait l'équipe et, au sein d'un effectif d'une vingtaine de joueurs, procède à des choix. Et même si l'un des éléments de langage les mieux appris par le joueur est « je respecte le choix de mon coach », en réalité, c'est tout le contraire. Le « respect » valeur sacrée du joueur de foot ne va en fait que dans un sens. On se dirige alors vers une autre phrase clef du champ lexical footballistique : « Le club ne m'a pas respecté, je dois partir. » Et plus le joueur a une valeur présumée sur le très aléatoire et fluctuant marché des transferts, plus il doit jouer. Ne pas être sur le terrain, c'est perdre en valeur et mettre la petite entreprise en péril.

Plusieurs cas de figure sont alors possibles. Dans un premier temps, le joueur se plaint auprès de son agent. Celui-ci est payé pour agir et doit trouver une solution. Réconforter son poulain et lui dire que c'est une mauvaise passe, que tout va s'arranger, est une option en voie de d'extinction. La petite séance de « psy » qui succède à l'entraînement ne résout rien. L'agent doit agir, et si possible auprès de l'entraîneur. Demander des explications, savoir pourquoi le joueur subit un tel traitement, est essentiel. Le rapport entre le coach et l'agent, dans une vision idéalisée du foot, voilà bien une relation qui ne devrait pas exister. C'est la rencontre inavouable entre la cause individuelle et le sens collectif. L'agent, l'homme qui représente l'argent, le ver du foot qui indique au coach comment faire son équipe… une image malsaine de plus.

La réalité peut même être bien plus sombre. L'entraîneur doit en effet lui aussi s'occuper de sa propre personne, de son avenir.

Le métier peut être précaire et il faut savoir se recaser en cas de licenciement. Une série de mauvais résultats peut provoquer une chute qu'il faut être capable d'anticiper. C'est pourquoi de nombreux entraîneurs ont également un agent. Et comme il n'existe pas de frontière entre un agent de coach et celui d'un joueur, la collusion, si elle ne peut pas être retenue comme existante par principe, peut toutefois être envisagée comme possible *de facto*.

## *Les boss français*

Jean-Pierre Bernès est l'agent français le plus influent. Celui dont le portefeuille de joueurs est le plus important. Ancien dirigeant de l'Olympique de Marseille, époque Bernard Tapie, il a sombré au terme de l'affaire OM/VA. Condamné, en 1995, par le tribunal correctionnel de Valenciennes à deux ans de prison avec sursis dont trois semaines fermes, Jean-Pierre Bernès est également interdit d'exercer toute activité liée au football. Une interdiction que lèvera la FIFA en 1996. Après une dépression et plusieurs tentatives infructueuses de revenir dans les affaires, Bernès doit dans un premier temps constater que le milieu ne veut plus de lui. Mais avec l'aide de son ami Alain Migliaccio, agent condamné à ses côtés dans l'affaire des comptes de l'OM, il réussit sa reconversion en tant qu'agent de joueurs.

Alain Migliaccio, c'est un peu le boss. L'un des pionniers du métier. Celui qui s'est occupé du dossier Zidane dans les années 90. En mai 2012, il a été condamné à cinq ans de prison ferme et à 9,2 millions d'euros d'amende pour fraude fiscale par le tribunal pénal de Valence. Des fraudes portant sur les exercices 2000 et 2001. Selon le jugement, l'agent français avait dissimulé ses bénéfices provenant de plusieurs transferts, en particulier celui de Zinedine Zidane au Real Madrid à l'été 2001 (75 millions d'euros), au moyen de sociétés écrans. Alain Migliaccio a été laissé en liberté avec la possibilité de faire appel.

Ce genre de casseroles, comme aime à le souligner Bernès, ça conduit à des raccourcis. « *Agent, niveau réputation, c'est comme pestiféré* », ajoute-t-il. Barré comme dirigeant, il se lance donc, en 1999, comme agent de joueurs, avec sa société Foot Conseil, basée à Cassis, « *conseil pour les affaires et autres conseils de gestion* ». Le succès est au rendez-vous. « *Quand j'ai donné mon avis au joueur, j'ai peu de chances de me tromper.* » Et de l'avis général, son œil voit souvent juste.

Aujourd'hui, il s'occupe de vedettes comme Samir Nasri, Franck Ribéry, Blaise Matuidi, Jérémy Menez ou d'entraîneurs comme Laurent Blanc, Alain Perrin, Jean Fernandez, Christophe Galtier et même du sélectionneur national, Didier Deschamps.

Combien touche-t-il ? Le sujet est épineux. La loi permet 10 % sur le montant du transfert. Rien de honteux, rien d'illégal : « *Justifié ou pas, à partir du moment où c'est légalisé et que vous faites votre boulot. Le joueur est content, le club aussi. C'est bien français, ça, de regarder comme ça.* » Il conseille aux footballeurs de ne pas penser qu'à l'argent : « *On gère d'abord une carrière sportive. L'argent vient ensuite, tout naturellement. Faut pas être obnubilé.* »

Bernès aime les contrats moraux, comme celui qui le lie à Deschamps. Et il a le mérite de la franchise quand, entendu à la fin de l'année 2006 à l'Assemblée nationale, pour un rapport d'information sur les agents, il admet que ce sont les clubs qui le payent, pas les joueurs, et raconte : « *Il m'est arrivé d'intervenir dans le transfert d'un joueur sans le connaître, sans l'avoir rencontré une seule fois, sans même qu'il sache qu'il a été transféré grâce à moi.* »

Et si des agents redistribuent illégalement leurs commissions, ce n'est pas son problème : dans le métier, « *il y a des gens bien et des gens pas bien, comme partout* ». Malgré une expérience qui pourrait le rendre fataliste, il ne supporte pas qu'on doute de son honnêteté. « *Avec le passé que j'ai, vous pensez vraiment que je peux me permettre de dérailler à nouveau ?* »

Rien, effectivement, n'autorise à penser le contraire. Être l'agent de joueurs et en même temps celui d'un coach ou, mieux, d'un sélectionneur, il en convient, cela peut laisser libre court à beaucoup de pensées négatives. Le doute. Comment le chasser ? « *On va m'empêcher d'être l'agent de Deschamps parce qu'on va dire que je vais le pousser à prendre tel ou tel joueur de mon écurie, c'est ça ?* » Oui, et ainsi faire monter la valeur du joueur, qui devient alors international. Avec Laurent Blanc et Didier Deschamps, Bernès a donc eu deux amis intimes à la tête des Bleus. Les rumeurs ont nécessairement couru.

Ce double emploi a depuis été interdit par la Fédération française de football. Le milieu, les médias, évoquaient tellement un possible conflit d'intérêts qu'il fallait agir. « *Au-delà du personnage, dont on dit ce qu'on veut, je pense qu'à terme, sa position était intenable. Gérer à la fois des entraîneurs et des joueurs est source de confusion et d'interprétation.* » Voilà ce qu'affirmait un agent de la FIFA dans un article paru dans le *JDD*, en 2010. « *C'est sûr, c'est plus simple de caser des joueurs quand on a comme ami en place Laurent Blanc* », confie un autre agent, forcément jaloux.

Jean-Pierre Bernès veut à tout prix sortir du cliché de l'agent inévitablement véreux. Il parle de rapports humains, de gestion de carrière. « *Ce qui m'intéresse, c'est de donner un bon conseil à un club ou à un joueur. C'est le rapport humain qui m'intéresse.* » Et quand il s'agit de remonter le moral de Franck Ribéry, empêtré dans « l'affaire Zahia », l'agent doit être là : « *Dès qu'il m'a appelé, j'ai sauté dans la voiture. Mille bornes jusqu'à Munich, peu importe.* »
Pour chasser définitivement le doute, il aurait pu revenir travailler dans un club. Il a failli, quand Deschamps est devenu l'entraîneur de l'OM, en 2009. Le président du club, Jean-Claude Dassier, voulait l'embaucher. Mais il n'en était pas question pour José Anigo, le directeur sportif du club. Bernès représente à ses yeux le passé obscur de l'OM. Pour certains, l'attitude chevaleresque d'Anigo est une posture. Car si Bernès entrait au club, quid des agents proches d'Anigo ? Résultat de l'imbroglio, on a dit que les joueurs du portefeuille Bernès ne seraient pas les bienvenus à l'OM, sauf si Deschamps, l'ami et tout de même entraîneur, insistait… lourdement. Et si les joueurs qui signent à Marseille « appartiennent » aux agents proches de José Anigo, les mêmes rumeurs repartent de plus belle, dans l'autre sens. Reste enfin le

possible arrangement entre agents rivaux. Le partage du gâteau. Une entente, même peu cordiale.

Outre la possibilité du conflit d'intérêts, on parle aussi d'éminence grise pas toujours nette. Surévaluer un joueur, influencer un entraîneur ou souffler un nom à l'oreille d'un président, qui peut nier l'existence de pratiques… encore une fois parfaitement légales. « *Aujourd'hui, tout le monde peut devenir président* », raconte Deschamps. Une façon de dire que la compétence et la connaissance du foot ne sont pas les qualités premières de nos présidents de L1.

Il y aurait donc mille façons de tirer parti d'une situation. « *On a essayé d'inclure dans la nouvelle disposition légale sur le métier d'agent une interdiction de mélanger les genres et les intérêts* », rappelle Jean Lapeyre, juriste à la fédération. *Malheureusement, ça n'a pas été retenu. Après, c'est à chacun d'agir selon sa propre conscience et déontologie.* »

« *On est dans le fantasme* », soupire Bernès. L'image est mauvaise et difficile à réhabiliter. Le président des Girondins de Bordeaux, Jean-Louis Triaud, essaye : « *Bernès a une très bonne vision du milieu et du jeu. Son objectif n'est pas de refiler un joueur à tout prix, mais de voir où il pourrait s'épanouir. Il sait mesurer leur apport et leur capacité d'intégration. La réalité, c'est qu'il aime plus les joueurs que l'argent.* »

Bernès la joue donc modeste. En non-conformité avec la « loi Séguéla », il a d'ailleurs attendu cinquante-trois ans pour avoir sa Rolex et ne sort jamais dans les endroits à la mode. Sa réussite blanchit peu à peu son passé. Et sur les présomptions de conflits d'intérêts, il conclut : « *Mais vous croyez vraiment que si je ne suis plus l'agent de Deschamps, on ne va plus se parler, on ne sera plus amis ? Pourquoi partir du principe que l'agent est malhonnête ?* », demande-t-il. On reste sans réponse.

## *Ribéry, un produit compliqué à gérer*

Le parcours de Franck Ribéry illustre plutôt bien les mœurs pratiquées sur le marché du foot. De Metz à Galatasaray, de Galatasaray à Marseille, puis de Marseille à Munich, le parcours de la star française est éloquent. Entre Bosphore et Canebière, Ribéry a été acheté 0 puis revendu 30 millions d'euros. Une culbute financière qui a arrangé tout le monde. En Turquie, Ribéry n'a joué que 17 matchs. Prêté par Metz, en février 2005, il résilie son contrat avec Galatasaray en juin. Réussir à casser un contrat en cours est rarissime. Bruno Heiderscheid, son ex agent, a réussi en prétextant des retards de salaire. Il a ensuite « offert gratuitement » le joueur à l'OM. La commission de l'agent pouvant atteindre 10 % d'un transfert, Heiderscheid ne touche donc rien, percevant « seulement » 10 % des salaires versés par l'OM à Ribéry. Salaires renégociés plusieurs fois à la hausse, de 80 000 à 220 000 euros par mois. L'agent espère surtout réussir le banco lors de la revente de Ribéry à un autre club. Sauf que, en mai 2007, quelques jours avant de signer à Munich, Ribéry quitte son agent pour se lier avec deux personnalités du business, Jean-Pierre Bernès et Alain Migliaccio. Ce sont eux qui empocheront la commission bavaroise.

Heiderscheid, l'agent luxembourgeois, se sent berné. Une sensation qu'avait dû ressentir le premier agent de Ribéry, John Bico, celui qui avait découvert le joueur et qui l'avait accompagné jusqu'en Turquie. Ribéry s'était séparé de Bico pour Heiderscheid, plus disposé à lui trouver le moyen de quitter la Turquie pour l'OM. Lésé, Bico et des représentants du club turc avaient souhaité des explications de la part du joueur. L'affaire s'est terminée à la rubrique « faits divers ». Ribéry a parlé de menaces à la batte de base-ball. Une rapide enquête a conclu que le joueur avait inventé cette histoire.

Comme Bico, Heiderscheid avait misé sur Ribéry. La petite entreprise devait fructifier. Ce qu'elle a fait, mais sans lui. L'agent luxembourgeois obtiendra toutefois réparation, en 2011, lorsque la justice condamnera le joueur à lui verser près de 3 millions d'euros dans cette affaire. Entre-temps, certains médias avaient reçu des documents faisant état de malversations lors du passage de Ribéry de Galatasaray à Marseille. Le site d'information Backchich.fr a ainsi fait état d'un débauchage de Ribéry par l'OM avec prime dissimulée à la clef. « Débaucher » un joueur est formellement interdit par l'UEFA et la FIFA, et passible, pour un club coupable, de sanctions lourdes. La version officielle est donc contestée. Il faut dire que la chronologie y apparaît parfaitement réglée, presque trop : le 13 juin 2005, Ribéry résilie son contrat avec Galatasaray ; le 14, il entame des négociations avec l'OM ; le 15, il signe son contrat à Marseille. Trop net ? Des documents compromettants finiront à ce sujet entre les mains de la justice, dont cette attestation : « *Je soussigné Franck Ribéry atteste que monsieur Pape Diouf, président de l'Olympique de Marseille, m'a appelé à plusieurs reprises en mai et juin 2005 ainsi que mon agent pour me convaincre de signer avec l'OM tout en me promettant une prime de 500 000 euros si je rompais mon contrat, c'est-à-dire si l'OM ne devait pas payer d'indemnité de transfert.* » Et cette lettre écrite à Diouf, le 7 juin 2005, en pleine négociation : « *Suite à vos derniers appels téléphoniques, je vous confirme mon accord pour rompre mon contrat avec le Galatasaray et signer en faveur de votre club aux conditions proposées, tant sur le salaire que sur la prime de 500 000 euros.* »

Les coulisses sont souvent obscures, mais sur la scène, ça joue. La FIFA a finalement autorisé Ribéry à s'engager avec l'OM. Le président de l'OM de l'époque, Pape Diouf, ne l'a pas « officiellement » débauché, le joueur est passé chez Bernès. L'entreprise a fructifié et tout le monde a finalement eu sa part du gâteau. Même le cocu Heiderscheid, et ce, même s'il aurait forcément aimé gardé son poulain pour procéder à la transaction post-OM.

Ribéry ira au Bayern, à l'été 2007, après avoir déclaré qu'il ne quitterait « son » club chéri, l'OM, que pour un gros club qui évidemment figurerait en Ligue des champions. Cette année-là, le Bayern n'a pas joué la belle Coupe d'Europe, tandis que l'OM s'y était qualifié. Pourquoi faut-il toujours que les acteurs du foot prennent le public et les supporters pour des gogos, en faisant croire que l'intérêt sportif gouverne leurs choix ? Comme si, submergé par l'aspect business depuis des décennies, le foot avait toujours besoin de s'accrocher à des valeurs vertueuses ? Comme si une touche de romantisme devait encore exister, avoir l'air d'être là pour séduire le peuple et l'entretenir dans son doux rêve. Et c'est là que réside le problème principal. Dans la non-acceptation du public de l'idée que le foot applique les mêmes règles que le monde de l'entreprise. Le public du foot n'aime pas qu'on lui parle argent, transferts, primes. Il veut entendre parler de jeu, de joueurs fidèles à des couleurs, à des valeurs qui ne doivent être liées qu'au sport. La communication des acteurs du foot continue à entretenir ces fantasmes à travers des interviews dans lesquelles ils vont parler du jeu, du club, de son histoire, des supporters. En signant son contrat, le joueur clame qu'il a toujours rêvé de jouer dans ce club, il embrassera l'écusson et le maillot et cherchera ainsi la communion avec le public. Le dirigeant parle projet, ambition, plaisir et évite comme la peste d'évoquer la notion d'argent. Personne n'est vraiment dupe devant cette grande supercherie, mais quoi qu'il en soit, il faut insuffler de l'émotion dans un marché du foot qui n'est rien d'autre qu'un prolongement du spectacle, du show-business.

Que pouvait donc faire l'ex agent de Ribéry, Heiderscheid, face à la grosse machine ? C'était le combat perdu d'avance du petit cinéma de quartier face au multiplexe. Et pour faire fonctionner l'entreprise, rien de tel qu'un bon réseau. Des bons commerciaux.

## *Zidane, VRP de luxe*

La scène est entrée dans l'histoire du foot business français : le 12 juin 2006, veille du premier match des Bleus à la Coupe du monde en Allemagne, face à la Suisse, Zinedine Zidane et Franck Ribéry trottinent seuls sur la pelouse du Gottlieb-Daimler-

Stadion de Stuttgart. Un peu plus tôt, derrière des micros, Zidane a adoubé celui qui est vu par certains comme l'héritier. « *Ribéry est mon successeur. Il respire la joie de vivre. Il marquera les esprits* », lâche l'idole Zidane. Une sorte d'OPA. Quelques mois plus tard, Franck Ribéry lâche son agent pour préparer le futur gros transfert et s'engage donc avec celui du maître, Alain Migliaccio. Hasard ? Tous les agents racontent la même histoire : quand Bernès et Migliaccio veulent un joueur, Zidane peut filer un coup de main. Une sorte de VRP de luxe. Il encense Samir Nasri au printemps 2007 ? Le transfert vers l'écurie gagnante est validé.

Et Karim Benzema ? L'autre star du foot français. Là, les éloges de Zidane se font plus rares. On dit qu'il ne quittera jamais son agent, ami, confident, Karim Djaziri. Alors qu'il était encore joueur de l'OL, Benzema avait abordé ce sujet dans *L'Équipe Magazine* : « *J'ai déjà un agent avec lequel je suis très bien. Ce n'est pas la peine de demander à des gens de me déstabiliser car, avec moi, ça ne marche pas.* » Habile, il ajoutait : « *Et puis je suis sûr qu'au fond de lui, Zidane ne pense pas de mal de moi.* » Du mal peut-être pas, c'est vrai. Néanmoins, quand Benzema arrive au Real Madrid, en 2009, Zidane, le conseiller très spécial du président Florentino Pérez, l'ignore et ne parle jamais de lui, ni en bien, ni en mal. Un Français qui accueille un Français dans le plus grand club du monde et qui devient son protégé, l'histoire aurait été belle, mais les affaires sont les affaires. Pérez voulait recruter Benzema. Un coup de foudre pour le joueur autant qu'une vitrine marketing vers le monde arabe. Zidane mettra plus d'un an à s'apercevoir que Benzema a signé au Real. La situation évoluera, un peu, quand l'idole française, jusque-là uniquement conseiller et ambassadeur du club, se rapprochera, à la demande de son président, de l'équipe première dirigée par la star des bancs de touche, l'entraîneur José Mourinho.

## *Mendes/Mourinho, Business XL*

En matière de conflit d'intérêts, Mourinho aime également entretenir le doute. Il faut dire que, même sans avoir l'esprit tordu, le doute est parfois difficile à dissiper. Coach du Real Madrid depuis 2010, il a pour agent Jorge Mendes. Et Mendes, c'est pour beaucoup l'homme le plus influent du football mondial. Sa société d'agent de joueurs, GestiFute, dispose d'environ 536 millions d'euros d'actifs financiers. Dans le monde des agents de joueurs, ce Portugais de 46 ans trône au panthéon. Sur une autre planète. Son portefeuille de joueurs ne compte pas moins de 83 joueurs professionnels et entraîneurs, dont José Mourinho et Cristiano Ronaldo. Deux stars du football mondial qu'il a placées dans le club le plus riche du monde, le Real. Sa vie, c'est un peu le rêve américain en version lusitanienne. Footballeur raté, il se lance dans la gérance d'un vidéoclub, de restaurants, puis de discothèques. C'est dans l'une de ses boîtes de nuit qu'il croise Nuno Espirito Santo, un anonyme gardien de but évoluant au Vitoria Guimarães, club de première division portugaise. La suite, ce sont des rencontres. Des belles. Il fait passer le tout jeune Cristiano Ronaldo du Sporting à Manchester United pour 18 millions d'euros. Quand Ronaldo rejoindra le Real, quelques années plus tard, la vente, gérée par Mendes, s'élèvera à 94 millions d'euros. Le foot portugais produit des stars, il fallait être là pour les rencontrer. En

2004, José Mourinho gagne la Ligue des champions avec Porto ; c'est le jackpot pour tout le monde. Une nouvelle vie à Londres pour Mourinho, à Chelsea, et un tas de débouchés pour Jorge Mendes. Les joueurs majeurs de l'équipe de Porto accompagnent Mourinho à Chelsea. Mendes paraphe les contrats, c'est le début de la fortune. Pour séduire, il ne rechigne pas à la dépense. Parfois, Mendes a payé des Porsche à des joueurs qui ne sont même pas sortis de la D3. C'est un investissement qui connaît parfois des accrocs. Le train de vie de son entreprise est phénoménal et fait inévitablement rêver les joueurs. Des poulains qu'il place dans les clubs contre des indemnités affolantes, en profitant de ses relations avec les stratèges du banc. Et tout va pour le mieux puisque tout le monde est content et y trouve son compte. Évoquer un conflit d'intérêts ne peut donc réjouir que les rabat-joie. Ceux que l'on appelle les jaloux, les envieux. Ceux qui affirment que leurs joueurs les ont quittés pour aller chez Mendes sous peine de trouver porte close dans un club. Parce que connaître le bon agent ouvre indéniablement des portes. Des portes que certains joueurs n'auraient même jamais osé imaginer franchir. C'est le cas d'un Portugais répondant au sobriquet de Bebé. En 2010, cet inconnu signe à Manchester United pour 9 millions d'euros. Deux mois avant, il évoluait encore en deuxième division portugaise. Étonnant, non ? À quelques jours du transfert, Bebé avait licencié son agent précédent pour signer avec Mendes. La petite histoire raconte que sir Alex Ferguson, le patron de Manchester United, l'aurait recruté sur vidéo, conseillé par Carlos Queiroz, son ancien adjoint par ailleurs et par hasard affilié à la société de Mendes. Aujourd'hui, Bebé ne joue plus, et on se demande même s'il était un véritable joueur de foot. Manchester United aurait accepté ce vrai-faux transfert pour services rendus. Une sorte de bonus offert à Mendes.

Pour gagner un peu plus d'argent, Jorge Mendes vient de créer une nouvelle société : Quality Sports II Investments. Basée dans le paradis fiscal de Jersey, elle promet à de riches investisseurs de miser gros sur des joueurs en devenir, afin de percevoir d'éventuels bénéfices sur un transfert ultérieur. Un système qui déplaît à la FIFA, qui entrevoit des conflits d'intérêts (tiens donc !) entre Jorge le propriétaire et Mendes l'agent. Pour le chercheur Bastien Drut, notamment auteur du livre *Économie du football professionnel*, le cas Mendes est symptomatique de l'évolution de la profession d'agent : « *Le développement des fonds d'investissement est un fait assez nouveau mais en pleine expansion. Lorsque les clubs sont en manque de liquidités, cela leur permet de ne pas payer de joueurs. Par contre, les clubs ne sont plus propriétaires des joueurs.* » Cette pratique est interdite en France et en Angleterre mais fait fureur en Superliga portugaise, le terrain de chasse de prédilection de Jorge Mendes.

« Jorge le propriétaire et Mendes l'agent », une chose incompatible. Mais quand vous avez dans un club deux méga stars comme Mourinho, le coach, et Ronaldo, le joueur phare, et que ce placement stratégique vous permet de placer d'autres joueurs, tels Di Maria, Pepe, Coentrão et Ricardo Carvalho pour environ 192 millions, n'est-on pas, à travers ses actifs, propriétaire d'une partie du club ? « *C'est une situation dangereuse pour le Real Madrid. Avec*

*Cristiano et Mourinho, Jorge Mendes contrôle le club, c'est comme s'il en était le président non officiel* », déplore l'ancien président du Real, Ramón Calderón.

José Mourinho est l'un des plus grands coachs au monde. Il a même très probablement révolutionné la fonction. Ses compétences sportives sont incontestables. Et de la même façon, Jorge Mendes est l'un des meilleurs agents du globe. Pourtant, le volet activité commerciale du duo dérange. Le côté clan, voire mafia, ne cesse d'interpeller. La gestion individuelle du joueur à travers des entreprises cotées en bourse était-elle compatible avec l'intérêt collectif d'un club ? Mendes a vendu des parts de sa boîte à une société américaine, Creative Artists Associes (CAA), fondée à Beverly Hills. Le joueur gère sa carrière comme une star de cinéma. C'est un acteur. Le doute, la peur, l'angoisse, c'est que le scénario soit écrit à l'avance. Des agents gèrent le casting des clubs, vendent l'image autant que les pieds du joueur. On optimise la carrière du client joueur, souvent loin de considérations sportives objectives.

Actuellement, les rêves de grandeur de l'agent portugais l'amènent à toquer à la porte du PSG. En froid avec la direction du Real Madrid, Jorge Mendes a activé ses réseaux pour entrer en contact avec Nasser Al-Khelaïfi, le président parisien. Il y a déjà placé le défenseur Thiago Silva, cet été. Avec ses deux stars sous le bras, Mendes veut séduire le nouveau riche PSG. Mieux que tous, il sait qu'aujourd'hui, il n'y a que deux types de personnes qui gagnent de l'argent dans le foot : les joueurs et leurs agents. Et au-dessus d'eux, il y a Mendes !

Mais si Mendes s'éloignait du Real, cela pourrait faire les affaires du boss français Migliaccio. Depuis Ibiza, où il réside, Miglaccio attend. Mais pour l'instant, pas question de marcher sur les plates-bandes du patron. Par le biais de Zidane, le boss français avait tout de même placé son beau-frère dans le club madrilène. Stéphane Paille, ancien espoir du foot français et anonyme entraîneur de divisions inférieures en France, a ainsi été propulsé « œil du Real en France » ! Une décision acceptée par le président officieux. Mais lorsque des images de la télévision montrant Alain Miglaccio en promenade au centre d'entraînement du Real en compagnie de Zidane ont été diffusées, la décision est tombée, nette. Zidane a reculé dans l'organigramme. Il est retourné à son poste de conseiller spécial du président Pérez. Face à la multinationale Mendes, il y a des codes à respecter.

## *Gros arrangements entre amis...*

Dans le dossier des relations troubles entre agent, joueur, dirigeant, il y a aussi le cas de figure de l'ancien agent devenu dirigeant. C'était notamment le cas de Pape Diouf. Agent pendant quatorze ans, puis président de l'OM. L'ancien journaliste s'est d'abord occupé des amis, Basile Boli et Joseph-Antoine Bell. Puis ses talents lui ont permis de devenir l'un des agents les plus influents du foot français ; il s'est en particulier occupé de Marcel Desailly, Didier Drogba ou William Gallas. Celui qui aime à répéter que le foot français est raciste s'est spécialisé dans le joueur de couleur. Nommé manager sportif de l'Olympique de Marseille en 2004, il lâche à Pierre Frelot, ancien directeur financier du PSG, le portefeuille de sa société Mondial Promotion, l'un des plus beaux du marché, puisque Diouf affirme avoir détenu 70 joueurs sous contrat.

On pourrait, là encore, y voir un conflit d'intérêts permanent. L'ancien directeur financier du PSG est donc devenu agent de joueurs, en 2003, et a repris ensuite l'écurie de Pape Diouf quand ce dernier est devenu patron de l'OM. Normalement, un ancien dirigeant n'a pas le droit de devenir agent avant un délai d'un an. Mais, pleine de bienveillance, la FFF a estimé à l'époque que Frelot n'était pas mandataire social du PSG. La justice pénale a envisagé les choses différemment, puisque Frelot a été mis en examen dans l'affaire des transferts douteux du club de la capitale. Interrogé un jour sur celui, alambiqué, de Peter Luccin de l'OM au PSG, en 2000, il rétorqua, non sans humour, qu'il « *s'agissait d'une salade marseillaise* ». Devenu l'héritier de Diouf, il a beaucoup travaillé à Marseille et a donc dû changer de registre en matière de sens de l'humour. Agent lors du transfert estival de Bakari Kone de Nice à Marseille, il s'est tranquillement fait rémunérer par l'OM, donc par Diouf, son cessionnaire. Et souligner le fait que ce joueur, qui a coûté un peu plus de 10 millions, n'a jamais brillé à Marseille ne sert à rien. On a bien compris, en effet, que les considérations sportives n'avaient strictement aucune importance.

Se tromper sur le prix d'un joueur est fréquent. Un président mal conseillé par un agent soucieux de faire tourner sa boutique, cela arrive. Dans ce cas, il faut connaître un agent nettoyeur. La personne qui va parvenir à vendre l'invendable, celui qui va survendre des joueurs moyens et ainsi alléger les soucis financiers d'un club. Bien plus riches que les clubs français, les clubs anglais peuvent davantage se permettre de se tromper. Et comme ces derniers aiment particulièrement les joueurs français, le marché peut s'avérer porteur. Longtemps, l'agent spécialiste du nettoyage des clubs de L1 a été Willie McKay. Un agent anglais qui a choisi de résider à Monaco en raison du climat plus doux. Proche de certains clubs de seconde zone en Angleterre et de coachs ne rechignant pas sur une petite commission, il a souvent placé des joueurs français en permettant aux clubs vendeurs d'équilibrer leurs comptes. C'est avec plaisir qu'à ce sujet, il aime raconter l'anecdote suivante : « *Un jour, j'étais entendu par la police de chez vous pour des transferts soi-disant pas nets. Au mur, les flics avaient accroché les photos des joueurs en question. Ça m'a fait rire. Je les ai regardés et j'ai dit :* "Sachez messieurs qu'en vendant tous ces tocards, j'ai sauvé le foot français !" »

## *L'agent et la mauvaise réputation*

Faire tourner l'entreprise, c'est donc principalement sur le marché des transferts que cela se passe. En 2011, l'Institut Médiascopie a mené, pour le ministère des Sports, une enquête intitulée « Les mots du sport ». Clairement, les mots agents, argent, transferts apparaissaient tout en bas de l'échelle. Une incompréhension majeure entre le monde du foot et son public. C'est cette non-acceptation de la réalité qui pousse l'opinion à rejeter globalement cette profession d'agent sportif. « *Agent, c'est comme pestiféré* », regrette Jean-Pierre Bernès. Au pire, on les pense escrocs, au mieux, on les accuse d'avoir transformé le « football de papa » en un « football bling-bling » sans foi ni loi.

Bruno Satin est l'un des agents sportifs les plus reconnus dans le football. Ancien directeur mondial de la division foot d'IMG, l'une des plus grosses sociétés d'événementiel et de droits sportifs, cet homme aux faux airs de Sean Connery est désormais un peu en retrait du business. Il intervient régulièrement dans différents médias et porte un œil expert sur la relation joueur/agent. Il rejoint Didier Deschamps quand il évoque le manque de passion croissant des joueurs, en expliquant : « *Les footballeurs sont aujourd'hui plus intéressés par l'argent, les filles et les bagnoles que par le jeu. Il y a une évolution énorme. Beaucoup de joueurs, même stagiaires, s'éclatent pratiquement plus avec leur PlayStation que sur le terrain.* »

De plus en plus souvent issus des quartiers, de banlieues, ils ont toujours souffert du manque d'argent et sont très vite obnubilés par la réussite sociale. Devenir footballeur pour ce que ça permet et pas pour ce que c'est. Un moyen, pas un but. De l'argent, oui, mais pas seulement pour le joueur. Il en faut également pour l'entourage proche, pour la famille. Une famille qui voit là un ascenseur social en or. Et un entourage pas toujours très sain. Satin précise : « *En banlieue, certaines personnes qui avaient des commerces pas forcément licites se sont dit que le foot était une activité économique peut-être moins risquée car les sanctions encourues n'étaient pas trop graves.* »

On a alors assisté à une explosion du nombre de candidats à l'examen d'agent. Et quand on n'arrive pas à obtenir sa licence, on devient sous-traitant, rabatteur pour un agent sous licence ou, nouvelle tendance, on va chercher sa licence dans un pays d'Afrique moins regardant sur l'examen. Il suffit ensuite de s'entendre avec un agent pouvant exercer en France, pour conclure un deal.

## *Soupe populaire*

Le joueur est une marchandise, mais il en est pleinement conscient et il l'assume. Lors du marché d'hiver 2013, Bordeaux, Montpellier, Marseille ont vendu des joueurs à destination de l'Angleterre. Des joueurs plus ou moins importants sportivement. Vues du côté des supporters, ces ventes apparaissaient clairement comme la preuve d'un manque d'ambition de leur club. Un recul sportif. Pour la direction financière des clubs, ces ventes sont devenues capitales afin d'équilibrer les comptes, de réparer des erreurs de gestion, des mauvais recrutements, des salaires trop importants donnés aux joueurs. Les clubs engraissent, puis dégraissent. Vendre pour vivre. Le joueur est un actif, un mot plus « propre » que marchandise.

Aux yeux du public, pourtant, le joueur qui manifeste trop souvent des envies d'aller voir si ailleurs l'herbe n'est pas plus verte passe pour un mercenaire. Une appréciation péjorative que le joueur ne peut supporter seul. Le rôle du club, de l'agent doit faire comprendre qu'on est là face à un ménage à trois, avec plus souvent qu'on ne le croit consentement mutuel.

Aujourd'hui, on assiste même à une sorte de radicalisation des rapports, mais des deux côtés. Quand un club ne veut plus d'un joueur, il le pousse dehors. C'est ce qu'a fait l'OM avec Loïc Rémy, en janvier 2013. Acheté cher et grassement rémunéré, Rémy n'a pas été assez rentable pendant son passage à Marseille. Entourage difficile, vie agitée, Rémy souffre en plus d'être bipolaire. Des troubles peu compatibles avec la vie d'un club de haut niveau. Marseille doit donc se débarrasser de cet actif… inactif. Comment reprocher ensuite aux joueurs d'avoir des états d'âme ? Le joueur est un actif humain, difficile à évaluer. Sa valeur peut fluctuer rapidement. Et toutes les parties veulent en tirer un meilleur profit. La mauvaise image reçue par le public est donnée quand il n'y a pas entente sur le moment de la transaction. Et si la mauvaise attitude des clubs, de leurs dirigeants est constamment mise en avant, le joueur, qui s'est adapté à la situation, est le plus souvent montré du doigt.

Bruno Satin analyse cette situation : « *Le foot, c'est un sport individuel qui se joue à 11. C'est une évolution forte depuis une dizaine d'années. Le joueur ne pense qu'à sa gueule. Après, bien sûr, il joue avec des copains sur le terrain, il a des affinités avec certains, mais ce qui va compter, c'est vraiment sa petite personne. La surmédiatisation joue un rôle important et accroît les sollicitations. Sites Internet et réseaux sociaux augmentent la notoriété d'un joueur et gonflent ainsi artificiellement sa valeur. Le joueur marche à ça et a tendance à se prendre pour un autre. Un but marqué qui fait le buzz sur le Net, des commentaires en cascade ont vite fait de perturber un joueur.* »

La culture du buzz, la course au buzz. Tout est bon. Insulter l'arbitre, c'est du buzz. Un tacle assassin, aussi. La preuve qu'on est un joueur de caractère. Dans le vaste casting du foot, il y a de la place pour tout le monde. Satin verse presque dans la nostalgie lorsqu'il évoque l'époque dorée où l'agent allait dormir chez son joueur, alors qu'aujourd'hui, il ne se verrait absolument pas faire de même chez un mec de 20 ans qui joue à Fifa 13. La tendance n'est pas à l'affect. Les joueurs cherchent de plus en plus l'agent qui va leur trouver un deal, le meilleur deal possible, et ce, le plus vite possible. Et plus on répétera le deal, mieux ça sera.

L'agent doit aussi accepter la nouvelle loi du marché et la dureté des nouveaux codes. Être prêt à encaisser le traumatisme d'un joueur pour lequel il a travaillé, qu'il a soutenu dans les moments difficiles et qui le plante pour un autre. Ce sont les risques du métier et des relations radicalisées.

David Wantier est un agent qui monte dans le milieu. Il y a quelques années, il prend en main la carrière d'Aurélien Chedjou, international camerounais devenu l'un des meilleurs défenseurs de L1. Chedjou est alors à Auxerre en situation d'échec car le club bourguignon ne lui offre pas de contrat professionnel. Wantier le place en CFA (4e division), à Rouen.

Le club normand monte de division. Chedjou est repéré et file à Lille, un club important de L1. « *Entre le moment où il l'a sorti d'Auxerre et où il l'a placé à Lille, il lui a fait multiplier son salaire par 100. Pourtant, il y a six mois, Chedjou lui a dit qu'il n'avait pas bien travaillé et qu'il devait aller se faire foutre. Un enculé lui a vendu Manchester ou le Barça et Chedjou, il y a cru* », analyse Satin, qui conclut : « *C'est difficile de définir les contours du métier d'agent. Aujourd'hui, on appelle agent n'importe quel connard, simplement parce qu'il est à côté du joueur à la sortie d'un match.* »

Agent, c'est aussi marchand de rêves et les joueurs aiment ce rêve-là. Et le vendre rend la concurrence entre agents plus rude. Le joueur veut alors être dans la bonne écurie. « *Certains se sont certainement dit qu'en venant avec moi, ils accéderaient plus facilement à l'équipe de France* », concède Jean-Pierre Bernès, l'agent des deux derniers sélectionneurs. Il tient sa revanche quand il dit, à juste titre, que les « *mauvaises intentions* » ne sont pas toujours du côté de l'agent. Et Bernès de poursuivre avec ironie : « *Yoann Gourcuff, qui jouit d'une bonne image auprès du public, quand il vient me trouver pour qu'on travaille ensemble, c'est pour quelle raison ? Il a cru que je l'aiderais à intégrer l'équipe de France. Mais ça ne marche pas comme ça. Et comme par hasard, deux mois après l'Euro où il n'est pas allé, il met fin à notre collaboration en arguant que je ne me suis pas bien occupé de lui quand il était blessé. Gourcuff a beau avoir une belle image, meilleure que celle de mes joueurs soi-disant mal aimés, Nasri ou Ribéry, mais je peux vous dire que ce type ne me plaît pas et qu'il m'a profondément déçu. Souvenez-vous de ce qu'a dit Paolo Maldini2 de lui. Maldini, c'est pas Ribéry ! On est d'accord ? Allez demander aux responsables de l'OL ce qu'ils pensent de Gourcuff…* » Effectivement, à Lyon, le gendre idéal a disparu.

Il y a 300 agents sous licence en France. Des personnes officiellement habilitées à travailler. C'est quinze fois plus qu'il y a vingt ans, alors que le nombre de joueurs professionnels n'a pas substantiellement augmenté. La concurrence est donc pour le

2 Paolo Maldini, défenseur du Milan AC et international italien de 1988 à 2002. Il est considéré comme l'un des meilleurs défenseurs de l'histoire du foot.

moins féroce. On est ainsi encore très loin de la vision romantique à laquelle se raccroche trop souvent le supporter de foot. Une évolution qui est donc le fait des joueurs et des clubs.

Pascal Perri, économiste, analyse : « *Le problème de la France est que les clubs ne sont pas en équilibre s'ils ne font pas de transferts. C'est le système même qui oblige à ça. Il y a alors une opposition entre la réalité économique et la vision bien trop romancée que le public va avoir du foot.* » Un décalage évident entre ceux qui font et ceux qui regardent. Ce qui fait dire à Jean-Pierre Bernès, avec une pointe de cynisme : *« Les joueurs, les clubs, moi et même vous, on vit tous grâce au football. On ne va pas cracher dans la soupe.* »

# Une image à éclaircir

Les 22 et 26 mars 2013, l'équipe de France disputait deux matchs importants dans la course à la Coupe du monde 2014 au Brésil. Après les trois pitoyables échecs – Euro 2008, Mondial 2010 et Euro 2012 – qui ont discrédité l'équipe de France et creusé le désamour entre les Bleus et le public, c'est le nouvel objectif de la FFF. Une nouvelle aventure dirigée par le duo Noël Le Graët/Didier Deschamps. Les médias soutiennent l'entreprise. Les audiences baissent, remontent, ne sont pas assez stables. Les ventes de journaux reculent, une dynamique nouvelle doit être amorcée. Il faut raconter une belle histoire, faire rêver. Qu'on oublie, une bonne fois pour toutes, les déconvenues d'un passé pourtant tout récent.

## *Le cadre de Deschamps est de travers...*

La vaste opération de communication a commencé en septembre 2012. La gueule encore en bois quelques semaines après la fin de l'Euro disputé en Ukraine et en Pologne. La campagne d'affichage destinée à vendre les premières rencontres qualificatives à la Coupe du monde 2014 prend en compte les résultats des études menées par l'Agence Kantar Sport. Il y a des joueurs qu'on ne veut plus voir, qu'on aime moins, qu'il faut cacher, *a minima* ne plus trop mettre en avant. Il faut changer de visages. Yohan Cabaye,

Mathieu Debuchy, Olivier Giroud paradent donc au premier plan. Karim Benzema, Franck Ribéry sont là, mais en retrait. « *Mais vous croyez vraiment qu'on a pensé à tout ça ?* », expliquent, sans rire, les responsables du marketing à la FFF. Chez ces gens, on ne pense pas, on compte…

Le match nul arraché en Espagne, contre le Champion du monde et d'Europe en titre, en octobre 2012, est vu comme un immense soulagement. Un frémissement. L'odeur de la reconquête. Le lien doit être renoué avec le public et ça passera par les résultats. La réflexion est toutefois incomplète.
Didier Deschamps est un bon communicant. Très bon même. Il faut en profiter. Alors le sélectionneur occupe l'espace médiatique. Entre septembre 2012 et mars 2013, pas un journal, une radio, une télé qui n'ait été contenté. Deschamps tire d'abord un constat sans concession sur le comportement des joueurs qui forment l'école française. Les mots sont forts. Dans un entretien accordé au *Parisien*, il déclare en effet que cette génération « *ne sait pas distinguer le bien du mal* » !!!

Dans *Le Nouvel Obs*, en janvier 2013, il évoque la « *différence entre son époque et la nouvelle génération* ». Il explique : « *On retrouve ça dans tous les secteurs, c'est un problème qui va au-delà du foot. Le foot est devenu trop permissif. Les joueurs ont pris le pouvoir. C'est la République des joueurs. Pour les clubs, les joueurs représentent un capital, il est donc difficile d'imposer son autorité. En Angleterre, en Italie, ce sentiment de toute-puissance n'existe pas car les clubs ont gardé la réalité du pouvoir. Le joueur n'agit pas de la même façon à l'étranger ou en France parce qu'il se sait surveillé différemment. C'est donc une question d'autorité.* » Deschamps insiste en outre sur la mauvaise gestion des clubs français, sur leur instabilité, et aussi sur l'incompétence qui domine. À croire que « *n'importe qui peut devenir président de club* ».

Le discours fait mouche. Parce qu'il est juste, sincère, vrai, et qu'enfin le public a l'impression d'entendre ce qu'on n'a pas voulu lui dire plus tôt. Le nouveau sélectionneur indique alors qu'il va définir un cadre à ses joueurs et qu'il n'y aura aucune place en dehors de celui-ci. Le cadre, Deschamps l'affiche sur les murs des salles communes à Clairefontaine : « Prendre du plaisir et le montrer par des attitudes ouvertes, souriantes et disponibles. Être naturel, authentique, humble… »

Le problème, c'est que, dans le même temps, Deschamps ne ferme la porte à personne en équipe de France. Certes, Samir Nasri, Hatem Ben Arfa, Yann M'Vila s'éloignent du groupe, mais la manœuvre reste du domaine du non-dit. Et puis, Patrice Evra, le chef des mutins en Afrique du Sud, est toujours là. Evra qui, pour ne rien arranger, se fait attraper dans une affaire de mœurs en février. Trois jours avant le France-Allemagne du 6 février, au cours duquel il donnera l'impression de courir à l'envers, l'ex capitaine des Bleus était au Crystal, une boîte de nuit parisienne, bien accompagné, jusqu'à 6 heures du matin. C'est le tabloïd anglais *The Sun* qui a révélé l'affaire de cette liaison entre Evra et Carla Howe, un mannequin ayant posé pour *Playboy*. 25 000 euros de champagne claqués lors de cette soirée et une suite 5 étoiles, l'image des Bleus est de nouveau ternie. C'est parce qu'elle n'a pas été « traitée » comme il le fallait que cette fille de joie a balancé l'affaire.

Le dimanche qui précède le rassemblement international du lundi matin est l'occasion pour les Bleus de faire la fête à Paris. Ça tombe bien, l'aimable comptabilité de la FFF a toujours offert l'hôtel aux joueurs la nuit d'avant le rassemblement et celle d'après le match. Et inutile de préciser que l'hôtel n'est pas un Ibis. Par un curieux et formidable sens de l'anticipation, quelques jours avant la révélation de l'affaire, la FFF avait indiqué mettre fin au remboursement de frais d'hôtel. Il eût été fâcheux, en effet, d'apprendre qu'Evra s'était livré à une bacchanale aux frais de la fédé.

La première réaction du président Le Graët est d'attendre, avant de se prononcer, d'avoir en main tous les éléments du dossier. Un dossier finalement léger puisque le boss de la FFF conclut à une « *banale histoire de cul dont il ne faut pas se mêler* ». Deschamps, qui avait demandé expressément une attitude exemplaire à son groupe, réagit en remerciant les médias de ne pas en avoir trop fait avec cette histoire.

Evra toujours là, donc, et Franck Ribéry, ex ennemi public n° 1, aussi. Mais pas de souci, les médias préparent une belle histoire de rédemption, d'homme qui a souffert, car *the show must go on*. Il doit surtout marcher, être *bankable* !

## *Blanchir les Bleus…*

En cette fin d'année 2012, le président Noël Le Graët doit consolider sa situation en remportant l'élection de type soviétique qui se prépare. C'est fait à la mi-décembre. Le vote n'a duré qu'une minute et réunissait 266 électeurs. Avec un peu plus de 83 % des voix, l'ancien plus grand soutien de Raymond Domenech écrase l'élection : « *Je n'avais pas parié sur 83 %. Ça me donne une légitimité* », s'est réjoui Le Graët, qui, à différents postes, notamment celui de vice-président chargé surtout des finances depuis 2005, était *de facto* déjà le boss du foot français.

Quelques semaines plus tôt, et afin de montrer qu'il ne méritait pas cette étiquette « d'indulgent » que lui prêtent beaucoup d'observateurs, Le Graët avait annoncé qu'il n'y aurait pas de cadeau dans l'affaire dite du « taxi du Havre ». En octobre, cinq joueurs de la sélection Espoirs, dont Yann M'Vila (déjà impliqué dans le fiasco de l'Euro 2012), ont quitté le rassemblement de l'équipe de France, à trois jours d'un match capital, pour aller faire la fête à Paris. Si le fait d'avoir accompli le trajet en taxi peut sembler accessoire (196 km !), il a cependant ajouté une couche de ridicule à l'affaire sur l'air de « mais qui peut bien faire un trajet Le Havre - Paris en taxi ». Un joueur de foot inconscient pardi !

Ce match en Norvège, la sélection Espoirs l'a perdu. Piteusement. L'affaire a donc forcément fait grand bruit. Antoine Griezmann, Chris Mavinga, M'Baye Niang, Wissam Ben Yedder, le quatuor est emmené par Yann M'Vila. Difficile de faire plus belle brochette de « racailles » présumées. Griezmann est là, mais lui joue le rôle du petit oignon dans la brochette, il ne compte pas.

Cette fois, le foot français doit taper fort, démontrer sa capacité à sanctionner. Pour les suiveurs, c'est quatorze mois. Le chef prend, lui, une suspension jusqu'en juin 2014. Sa carrière en Bleu est terminée. La FFF a bombé le torse, et pour certains, il était temps. À quelques semaines de son élection annoncée, Le Graët devait se montrer fort.

Dommage, toutefois, qu'il n'ait pas fréquenté la salle de muscu plus tôt. Ça l'aurait empêché de soutenir Domenech contre vents et marées quand ce dernier a foulé aux pieds l'équipe de France au sortir de l'Euro 2008 avec sa demande en mariage ridicule ou, pis, quand le même Domenech n'a rien su faire pour empêcher la honte du Mondial 2010. Le foot français aurait également eu besoin de son autorité, et non pas de l'indulgence qu'il réclamait partout après l'affaire du bus sud-africain. Comment ne pas observer avec étonnement la différence de sanction entre les affaires qui ont touché la grande équipe de France et la faute, même grave, des Bleuets ? Cohérence ne rime pas avec présidence. Avant les rencontres des 22 et 26 mars, le président a dû éteindre d'autres feux. Notamment celui qui est né de la polémique autour de Benzema, qui refuse de chanter *La Marseillaise*. La star fabriquée de l'équipe de France est en rupture avec le public, mais le débat ne volera jamais au-dessus de « faut-il, oui ou non, chanter l'hymne » ? Et pendant qu'on tourne autour du pot sans véritablement chercher à comprendre pourquoi l'attente du public a changé à l'égard de l'hymne, pourquoi ce même public en veut à Benzema de ses provocations – « *Personne ne m'obligera à chanter* » –, le Front national, pour sa part, met les pieds dans le plat en récupérant l'affaire. Le parti d'extrême droite demande effectivement que l'on ne convoque plus jamais le joueur en sélection. Noël Le Graët a eu raison. Il fallait défendre le joueur contre cette récupération politique. Probablement. Mais en habile politicien, il sait aussi que l'attente du public a changé, que certains sujets sont devenus délicats. France 98, l'idée Black/Blanc/Beur, représente un passé dont on se souvient à peine.

C'est au photographe Jean-Paul Lefret qu'est confiée la campagne de promo de la FFF pour la rentrée 2013. Le résultat, cinq photos devenues affiches 4 x 3. Pour la première fois, le joueur de l'équipe de France n'est plus mis en avant. Ce sont les supporters qui sont montrés. On aime le foot, mais plus les joueurs, ça n'a jamais semblé aussi vrai. Selon le livre blanc du sponsoring 2012 établi par l'agence de marketing sportif Sportlab, l'image des Bleus, après avoir connu un léger mieux en 2011, a de nouveau chuté l'année dernière. Seuls 3 % des Français citent en effet l'équipe de France de foot comme véhiculant des valeurs positives. Exit le joueur, c'est le fan qui parle aux supporters. Cinq affiches, donc. Une femme, un homme, un enfant, un groupe de trois jeunes et un groupe d'enfants. Difficile de ne pas être interpellé par les photos. Les trois premiers personnages sont de type européen. L'affiche des trois jeunes met en scène un jeune Blanc, au centre, un Noir, et la moitié d'un troisième personnage qu'il est difficile de visualiser. L'individu noir porte des lunettes et affiche un large sourire qui le rend sympathique, le regard du supporter stressé, voire en colère, est incarné par le personnage blanc. Reste l'affiche avec les enfants. Le regard va directement vers le gamin blondinet, puis vers un enfant métis. On sent bien qu'un enfant noir est présent dans ce groupe, mais pas de chance, la photo n'en montre que le haut des cheveux.

Après la France Black/Blanc/Beur, la France que certains ont vue Black/Black/Black, la réponse de la FFF serait-elle de vouloir nous proposer une France blanche ? Esprit mal tourné qui veut voir là une réponse, une solution à la rupture entre les Bleus et son public ?

Renseignements pris, beaucoup de photos ont été faites pour préparer cette campagne autour des Bleus, ou plutôt de leurs supporters. Des clichés « mélangés » ont bien sûr été prévus. Des références Black/Blanc/Beur. Selon un employé de la FFF qui ne peut évidemment pas se dévoiler, « *ces photos-là ont toutes été écartées. On a changé celles avec les Noirs. En réunion, j'ai entendu dire que l'idée Black/Blanc/Beur, ça marchait plus. Il y en avait une avec un slogan du genre "Mélangeons-nous pour chanter* La Marseillaise*", ça a été arrêté au shooting. On a misé sur du supporter passe-partout et la plupart sont blancs. Il y avait une volonté claire de "blanchiment" des photos* ».

Le 26 mars, la France a perdu contre l'Espagne. Benzema s'est fait siffler par une grande partie du Stade de France. Il a répondu qu'il n'y pouvait rien et qu'au fond, il s'en moquait, du public. Le résultat qui aurait pu aider à renouer le lien n'est pas venu. Les Bleus joueront très probablement les barrages pour aller à la Coupe du monde au Brésil. Le bout du tunnel n'est pas pour tout de suite.

## *Les has been de la FFF…*

Derrière la façade équipe de France, le secteur technique du foot français travaille aussi et se pose des questions. L'homme de la situation doit être Willy Sagnol. L'ex international est devenu manager des équipes de France de jeunes en octobre 2011. En janvier 2013, dans un entretien publié dans le magazine *France Football*, il lui était demandé de réagir à une enquête sur le niveau de compétence de la DTN.

Forcément, Sagnol commence par les points positifs. Depuis 1998, la FFF a remporté huit titres avec toutes ses sélections. Entre 2008 et 2012, au classement UEFA des jeunes, la France est 3e derrière l'Allemagne et l'Espagne. Et la France est le pays qui a le plus de représentants dans les cinq grands championnats européens, signe que la formation se porte bien. Or on sait que, pour le joueur français, le problème se pose au moment du premier contrat pro, qui fait visiblement du mal au mental du jeune joueur. Est-ce une raison pour expliquer le néant absolu de résultats en catégorie Espoirs depuis 1988 ?

Sagnol admet qu'il y a un point de rupture après 19 ans. La DTN n'est plus seule responsable à ce moment-là, car les jeunes évoluent déjà tous dans des clubs.

Comme tous les autres « penseurs » de notre foot, Sagnol admet que le problème principal est la mentalité. Être patient et finir la formation sportive, mais aussi intellectuelle, voilà le mot d'ordre. « *Mes directives sont de faire avancer le joueur en faisant évoluer les critères de détection, dans l'engagement, la discipline, le respect et l'identification au maillot. Et pour moi, cet ensemble est aussi important que le potentiel technique.* » Vaste programme.

Sagnol défend ensuite ses entraîneurs nationaux. Qui sont ces hommes dont les salaires oscillent entre 7 000 et 13 000 euros par mois bruts sur 13 mois, hors frais et primes ?

Il y a d'abord des anciens joueurs, comme Philippe Bergeroo. Francis Smerecki, ex coach à Guingamp, ou encore Erick Mombaerts, joueur amateur et adjoint de Gérard Houllier au PSG, à la fin des années 80. Pour beaucoup, sa carrière est rattachée à l'amitié qui le lie à Houllier. Mombaerts, figure de la DTN depuis des années, a toutefois payé l'affaire du « taxi du Havre » puisqu'il a été viré. Il a depuis retrouvé un poste de coach… au Havre.

Il y a aussi Jean-Claude Giuntini, qui s'occupe des moins de 16 ans. Il vient du monde amateur et a effectué une modeste carrière de joueur.

Le DTN est enfin François Blaquart, qui a travaillé au centre de formation de Saint-Étienne puis à Sochaux. Dans son CV figure une ligne qui indique qu'il a également été DTN à l'île Maurice, entre 1988 et 1993. Comme il dit : « *J'ai connu l'Afrique.* »

Comment oublier enfin Pierre Mankowski. Depuis 2000, il a occupé tous les postes à la FFF. Il a même été l'adjoint de Domenech. En 2006, il a été élu meilleur entraîneur de Picardie. Difficile de ne pas entendre les mauvaises langues qui affirment que la DTN est un repère de *has been*. Le problème, c'est surtout qu'ils n'ont jamais rien été…

## *Le changement, c'est pour quand ?*

Au début de son mandat, l'idée selon laquelle Sagnol voulait virer tout le monde a circulé. Le recrutement des éducateurs, aussi, devait changer. Observant les dérives de comportements, Sagnol s'est demandé s'il ne fallait pas mettre des personnes issues des quartiers face aux jeunes en formation, histoire de fluidifier le dialogue, l'apprentissage.

Patrice Haddad est chef d'entreprise, c'est aussi le président du Red Star, club de la banlieue parisienne qui évolue dans le championnat National (3e division). Il est stupéfait de constater qu'il n'existe presque aucune différence entre le niveau qu'il pratique et ce qui doit être le très haut niveau international : « *Les équipes de France sont exactement à l'image de ce que nous produisons. On a le sentiment qu'entre le monde amateur et les pros, il n'y a pas d'évolution, de reformatage. C'est comme s'il ne se passait rien sur l'individu. Les pros ont les moyens, les structures, et pourtant, c'est comme si le joueur sortait de chez nous. À part les jambes qui sont améliorées et le sens tactique, tout le reste n'a pas bougé…* »

Cette formation, l'attitude des jeunes, souffre de la comparaison avec ce qu'il se passe ailleurs. La formation anglaise est objectivement moins performante techniquement que celle qui est dispensée en France. Pourtant, tous ceux qui sont allés voir ce qu'il se passait là-bas ont noté des différences fondamentales.
André Merelle explique : « *En Angleterre, il y a une autre approche du sport. La première des choses pour eux, c'est que le pratiquant doit suer, se donner. Chez nous, on a toujours l'impression qu'il faut violenter le joueur pour qu'il s'engage.*

*Nos jeunes ont des qualités qu'ils n'ont pas. Des facilités qui leur font peut-être croire qu'ils n'ont pas besoin de s'engager trop. Je suppose que l'intelligence de jeu s'apprend chez nous mais elle ne me semble pas intégrée. Prenons le cas de Ben Arfa. Il est un peu têtu, il veut faire les choses tout seul. Et il n'en a rien à foutre des critiques et des remarques. Il aura toujours un club jusqu'à 30-32 ans qui le payera à peu près le même tarif. La plupart sont comme lui, ils se foutent un peu de l'idée d'être admirés et de laisser une trace dans un club.* »

Georges Prost est aujourd'hui au centre de formation de l'OM. Il a également travaillé à Lyon. Il reste toutefois profondément marqué par son passage de cinq ans dans un club anglais, Southampton : « *En Angleterre, vous ne faites pas de discipline, vous ne faites pas de motivation, vous ne faites que du football. En France, vous faites de la discipline, de la motivation et ensuite vous faites du foot. Les formateurs n'ont pas aussi en charge l'éducation. Incontestablement, le noyau familial et l'éducation sont plus forts que chez nous. Et ce, même à milieu social équivalent, dans des milieux difficiles. À la fin d'un entraînement, ils me disaient merci. J'ai entraîné des jeunes pendant vingt-deux ans en France, jamais un gamin ne m'a dit merci. Et puis vous n'avez pas besoin de motiver les joueurs. En France, on passe notre temps à chercher les mots pour sublimer nos joueurs et surtout faire attention à ne pas les vexer.* »

Le comportement des joueurs « français » est également un problème pour certaines sélections étrangères. En Algérie, par exemple, le coach Vahid Halilhodzic se plaint régulièrement de la mentalité d'une partie de son équipe, et notamment de Ryad Boudebouz et Ishak Belfodil, qui ont tous les deux grandi au foot en France. D'une façon générale, beaucoup de sélections africaines qui prennent des joueurs élevés aux « codes racailles » se retrouvent avec les mêmes soucis que l'équipe de France. Caprices de vedettes, attachement au maillot faible, individualisme forcené et le « je-m'en-foutisme » comme règle de vie.

## *La chasse à la middle class...*

Dans l'ensemble, la France du foot manque d'une élite à la hauteur. Et quand Didier Deschamps dit que n'importe qui peut aujourd'hui diriger un club de foot, il ne dit pas autre chose. L'étroitesse d'esprit, la gestion des petits intérêts et une vision de boutiquier, voilà ce qui semble être les caractéristiques de la majorité des dirigeants du foot hexagonal. Le manque d'ambition globale, cette gestion plan-plan ne conduisent ni aux débats, ni aux prises de position fortes. On a besoin de remèdes, de gens plus tranchés.

Pascal Perri est économiste et intervient notamment sur *RMC* afin de décrypter l'économie du foot : « *L'exemple vient toujours d'en haut. Le marché du foot n'est pas un marché de traders. On n'achète pas de la viande, on achète des individus avec des défauts, des qualités, des compétences sportives. On leur propose un cadre, s'ils l'acceptent, c'est très bien, s'ils en sortent, c'est terminé. Dans les entreprises, il y a des fautes professionnelles graves et lorsqu'un collaborateur commet une faute irréparable, on procède à une mise à pied, à titre conservatoire en tout cas.*

*Aujourd'hui, dans le foot, on a des présidents qui ont eu des réussites parce qu'ils se comportaient comme des chefs d'entreprise dans le bâtiment, dans la grande distribution... Jusqu'à présent, pour eux, le foot était une danseuse, un loisir. En Angleterre ou en Allemagne, c'est une industrie depuis longtemps, avec des codes et des règles de marché.*

*J'entends souvent que le foot est un business à part. Certes, mais à ce niveau-là, toutes les entreprises sont particulières. Et parce que longtemps le club était comme une danseuse, on ne respectait absolument pas les règles qui avaient prévalu dans l'itinéraire professionnel jusque-là.*

*De plus en plus, les clubs français vont devenir comme des licences, des marques. Autour de ces marques, il faut construire une histoire. Et il y a des acteurs qui portent les différentes étapes de cette histoire. Tout ça suppose évidemment que tout le monde raconte la même histoire. Dès lors où un joueur, par son comportement personnel, n'incarnerait plus ou violerait les valeurs de la marque, l'histoire s'arrête.*

*On est très en retard en France à ce niveau-là. L'autorité naturelle des clubs ou de la fédération a été concédée soit aux joueurs eux-mêmes, soit à leurs agents. C'est donc une perte d'autorité et même de souveraineté. C'est une souveraineté qui a été volontairement consentie. Les joueurs ou les agents ne l'ont pas arrachée.* »

Depuis le Mondial en Afrique du Sud, la prise de conscience est générale. C'est tout le foot français qui panique à l'idée de parts de marché en baisse. L'image, l'attitude des joueurs, le sujet est partout. Les réunions se succèdent dans toutes les instances du foot français. Les enquêtes sont négatives et il faut agir. « *Un des enjeux pour le foot est la reconquête des classes moyennes. L'émergence d'un football solvable, d'un marché du spectacle sportif solvable repose en grande partie en France sur ce qu'on a appelé l'émergence des classes moyennes, apparues dans les années 50-60. Cela représente un corps social très important, majoritaire dans la société. Des Français qui ont des salaires intermédiaires et qui passent d'une société de subsistance à une société de consommation de spectacles. Le football fait partie de ces spectacles populaires. C'est précisément dans ces classes sociales qu'il y a le plus grand désamour pour le foot aujourd'hui. Les dirigeants ne peuvent pas se permettre de perdre ce public. Il est vital. Pour l'économie de ce sport, il ne peut pas être juste aimé des classes populaires et très populaires, peu éduquées. Il ne faut pas que le sport devienne un sport de ghettos car sinon ça sera un sport économiquement marginal. Le foot ne doit pas perdre le contact avec le marché solvable.* »

Sur le marché économique du foot, le joueur le plus « rentable » reste Karim Benzema. Avec 4,5 millions d'euros de revenus publicitaires en 2012, l'attaquant des Bleus séduit les sponsors, en dépit du désamour persistant autour du foot. Et même s'il est très loin de ce que « pesaient » d'autres stars de l'équipe de France, comme Zidane ou Henry, ça reste considérable. Le foot reste le sport n° 1, et certaines réticences dues aux soucis franco-français du joueur s'effacent dans une optique internationale. Et de la même façon, s'il rencontre des problèmes en équipe de France, tels les sifflets du public, Benzema ne peut tourner le dos à une sélection qui financièrement lui rapporte beaucoup. Loïc Yviquel, fondateur d'une plate-forme de sponsoring en ligne, analyse la situation : « *Benzema reste devant les autres par défaut. Derrière lui, c'est le désert. Ribéry pourrait lui contester le leadership, mais son image reste dégradée.* »

Franck Hocquemiller dirige VIP Consulting, une agence spécialisée dans l'image des joueurs : « *Le foot continue de souffrir de son image. Un sponsor accepte difficilement de s'identifier à des jeunes qui ont le pantalon en bas des fesses. Un fabricant de jeans va trouver ça bien parce que ça le concerne, mais pas un fabricant de montres. Et pour les mêmes raisons, les marques de luxe fuient le football. L'idée, c'est de dire que le joueur qui a le bonnet, le casque sur les oreilles et qui ne sait pas aligner trois mots ne va pas correspondre à leur clientèle. Ce qui est nettement moins le cas à l'étranger.*
*Globalement, il est clair que le joueur ne répond pas à un certain nombre de valeurs, d'éthique, de moralité, l'éducation pour signer ce genre de contrat. Inutile d'aller vers des mecs qui n'ont ni l'éducation ni la force d'engagement qui leur permettraient de satisfaire aux exigences d'un sponsor.* »

L'image écornée des joueurs de foot touche également le rapport entre eux et les agents de joueurs dits « classiques ». Courir après les joueurs pour agrandir son portefeuille n'est plus une pratique en vogue. L'agent préfère avoir moins de joueurs sous contrat et choisir.

## *La NBA, modèle importable ?*

L'ex joueur pro, coach et aujourd'hui consultant Jacques Monclar nous éclaire sur le rapprochement qui pourrait être établi entre notre foot et la NBA. Sport de ghettos, problèmes de comportement, joueurs aux allures de rappeurs, le basket américain a également rencontré des soucis d'image. C'est aujourd'hui un spectacle mondial qui offre des stars planétaires.

« *La NBA a tout bouclé, tout verrouillé,* explique Monclar. *Quand des joueurs sont draftés, qu'ils sont sur le point d'intégrer le grand business, la NBA les réunit pendant deux, trois jours pour leur expliquer les codes. Ce qu'ils vont désormais représenter, l'institution qu'ils intègrent et les devoirs qui vont avec. Les droits, ils les ont compris en signant le contrat. Les devoirs, c'est d'aller dans les écoles pour apprendre à lire. À aller au match, même quand ils ne jouent pas. Et avec un "dress code" précis. Appelons ça la jurisprudence Alan Iverson, du nom du joueur qui allait avec des chaînes partout, des baggys. Tout ça, c'est terminé. On n'affirme plus sa personnalité à travers les fringues. Récemment, Joakim Noah assistait à un match et portait un sweat à capuche. Un type de la NBA est venu et lui a ordonné d'aller se changer. Aux USA, la cassure avec le public a aussi existé. Il y a eu aussi le refus du public de voir des Noirs payés des millions s'habiller comme des gangsters. De la même façon, la NBA ne veut plus que des joueurs participent à des clips "gangsta rap", des trucs violents. On a éradiqué ça.*

*Il ne faut pas oublier que c'est un public de Blancs qui regarde des équipes composées de Blacks à 80 %. La discipline est donc devenue stricte. Le revers de la médaille, c'est le formatage des joueurs.*

*Il faut savoir quand même qu'on a eu une période en NBA où c'était bien pire que les histoires du foot français. Des mecs avaient des flingues à Washington. Il y a trois ans, on a eu une sortie de flingue avec Gilbert Arenas pour une histoire de jeu. Il y a certaines franchises qui ont été obligées d'interdire les jeux d'argent. On a retrouvé Denis Rodman à 4 heures du matin dans une bagnole sous narcoleptiques tout seul avec un flingue à côté de lui. Et puis la NBA a tout nettoyé. C'est venu d'en haut. Une autorité stricte et des sanctions très lourdes. Une bonne idée a été d'installer beaucoup de systèmes de charité*

*grâce auxquels tu peux rendre service à ta cité, ton ghetto. Les mecs font ça à partir de 3 millions de dollars l'année. Artest, quand il s'est battu avec un spectateur qui lui avait lancé un gobelet de bière dans la gueule, a pris 70 matchs de suspension. Pour certains faits, genre drogue, ça peut être suspension à vie. Mais je ne sais pas comment cela pourrait être applicable en France. C'est complètement dictatorial. La NBA a cherché à faire tomber les frontières, le côté ghetto. Bon, ça a été fait façon dure et calibrée. World Company. Sans grande finesse. Mais la NBA ne voulait plus de dérives. Et puis surtout, pour faire marcher le business, elle ne pouvait pas se couper du grand public. La France se pose les mêmes questions sur son rapport avec la middle class.*
*Je crois qu'en France il faut d'abord retrouver l'autorité. Ça passe par des coachs forts, des mecs avec du charisme. José Mourinho est-il plus compétent que Jean Fernandez ? Pas sûr, la différence, c'est son charisme. Est-ce que si un coach français balance un crampon dans la gueule du joueur star de l'équipe, ça passe ? Comme Alex Ferguson l'avait fait à Beckham. Tu ne peux pas être lisse et coacher des multimillionnaires, il faut de temps en temps taper du poing sur la table.*

*Et puis, il faut arrêter de ne rien vouloir dire, d'avoir peur. Notre pays n'aime pas les différences mais on est beaucoup moins racistes que les Italiens et les Espagnols. Globalement, le problème, c'est qu'on ne dit pas les choses. On ne se parle pas ou on dit beaucoup de conneries. Les médias ont une part de responsabilité. Après la Coupe du monde 2006, on pose tranquillement la question de savoir si Ribéry ferait un bon capitaine. La France était prête à donner le capitanat à Ribéry ? C'était une vraie question dans* L'Équipe, *eh oui ! On se demandait donc sérieusement si un autiste pouvait devenir capitaine de l'équipe de France. Mais où on va, là ? C'est important, un capitaine, dans un sport collectif. C'est même fondamental. En basket, on a Boris Diaw et*

*Tony Parker. Evra a été capitaine, mais c'était une catastrophe. C'est pas lui le responsable, c'est celui qui lui a donné le brassard. Le foot se traîne tellement de casseroles. Récemment, j'entendais Anelka en Chine qui disait qu'il avait toujours adoré le kung-fu et qu'il voulait se rapprocher de la culture chinoise. Mais mon pauvre garçon…* »

## *La communication et l'exclusion…*

Encore loin de la NBA, les clubs, les instances cherchent des réponses. Et trouvent des solutions parfois extrêmes. Une réponse en deux temps. D'abord, on communique sur l'air de « mais non tout n'est pas sombre. On va arranger ça avec nos jeunes ». Pascal Boniface, directeur de l'Iris, est intervenu au début de l'année 2013 dans le Bulletin de l'Union des clubs professionnels. Celui qui, en 1998, expliquait l'importance du foot dans la diplomatie d'un pays, va de médias en médias expliquer aujourd'hui qu'on en fait trop avec le foot, qu'on focalise trop. L'extincteur à la main, il dénonce le « Foot Bashing ». Bien-pensant du foot, il intervient pour excuser les débordements des footeux. Selon lui, les médias exagèrent et sont au moins aussi coupables que les joueurs. Rien que ça. Il devrait pourtant savoir que, s'il y a bien une chose que les médias attendent, c'est de sortir de cette atmosphère et de vendre du rêve en toute tranquillité.

Et pendant qu'on communique, qu'on défend les écarts des joueurs devenus des capitaux importants de l'entreprise dont il faut veiller à ne pas abîmer la valeur marchande, en coulisses, on nettoie.
Le mot d'ordre est de mettre un frein à la « culture racaille ».

« *On ne peut plus passer notre temps à faire la police, il faut agir* », disent beaucoup de présidents, coachs, recruteurs. Sur ce sujet, difficile de trouver un acteur disposé à parler ouvertement. Jean-Pierre Louvel, président du Havre mais surtout président de l'Union des clubs professionnels de football (UCPF), accepte de livrer son analyse : « *On est désarmés. On fait tous les progrès possible, on s'améliore, mais c'est quand même incroyable de se dire que nos centres doivent former des citoyens. L'école devrait faire ce travail, non ? Mais elle répond que, elle, son métier, c'est d'apprendre le français et les maths. Alors je vais vous dire et il ne faut pas tourner autour du pot. Cessons d'être hypocrites, et pas un président de club n'osera dire le contraire, cette histoire de quotas, c'est du pipeau à côté de la réalité. On regarde tous de près qui vient dans nos clubs aujourd'hui. Tous les clubs dosent et font en quelque sorte des quotas, pas trop de ceci ou cela… Tous les staffs de France se réunissent et dans leurs réunions disent des choses qui pourraient être très mal interprétées, mal comprises. Le quota tacite existe. Le nier serait absurde.* »

Louvel ajoute que l'autorité doit primer mais que, pour cela, toutes les composantes du foot doivent aller dans le même sens : « *Si nous, en club, on sanctionne un joueur, mais que dans le même temps, il est quand même convoqué en sélection, mais il vous rit à la gueule ! On n'a dans ce cas aucune crédibilité. Et c'est pareil, quand un joueur se comporte mal dans un club mais qu'il est accueilli comme un héros dans un autre.* »

Tous les clubs sont donc attentifs dès le centre de formation à l'entourage du joueur, sa personnalité, ses origines. Sa religion ? Le Stade Rennais a vu partir avec plaisir la majorité de ses joueurs musulmans, lors de l'été 2012. Le nombre est désormais limité.

À Saint-Étienne, le coach Christophe Galtier a passé consigne. Il ne veut plus de joueurs africains et reste vigilant sur les joueurs sud-américains.

Au PSG, c'est le joueur français qui dans l'ensemble dérange. Sa mentalité n'est pas bonne. Il faut dire que, devenu très riche, le club parisien peut recruter des stars mondiales. Un cercle dans lequel on trouve finalement peu de joueurs français.
Ainsi, face à une situation devenue pour beaucoup de dirigeants inextricable, c'est la solution radicale qui semble être la norme. On ne peut plus faire face, alors on coupe !

## *Le foot écrase l'espace public...*

Ces mesures choc effraient le président de la Ligue de Paris, Jamel Sandjak : « *Je sais ce qu'il se passe. Les clubs n'ont pas les outils, c'est un fait. Et donc pour évacuer le problème, ils font quoi ? Ils les virent ! Tu entends, ils les virent ! Tu perds peut-être de super joueurs parce que tu n'as pas eu les outils pour régler le problème.* »

Le député Malek Boutih s'agace lui aussi de cette situation et veut élargir le spectre des responsabilités : « *C'est une honte. C'est honteux que les dirigeants en viennent à ça. Il faut m'expliquer comment travaillent ces gens-là, qui s'occupent de l'équipe de France et qui signent des contrats de centaines de millions avec des sponsors. Comment et où va cet argent, quel est leur niveau de vie à eux, où est-ce qu'ils habitent ? Non, mais de quoi on parle exactement, d'un système économique où une partie aurait le droit de brasser du pognon à gogo, de vivre dans l'opulence, de ne même plus se rendre compte des 0 qui circulent sur leur chiffre, d'utiliser une matière humaine comme une marchandise, de la fabriquer comme une marchandise, d'en faire une marchandise, mais en plus qui devrait être polie, bien peignée et dire "merci monsieur" ? Cela s'appelle de l'esclavage. Or, les mecs ne sont pas des esclaves. Donc, eux, ils savent comment ils réagissent parce que tout incultes qu'ils sont, ils ne sont pas idiots. Ils savent dans quel monde ils vivent et combien les autres palpent. Donc, attention, je trouve qu'en Afrique du Sud, il y a eu une rupture du comportement, un fiasco qui méritait une réponse extrêmement forte. Mais après l'Euro, on est tombés dans l'exagération.* » Après cet Euro 2012, le foot a pris encore plus de place dans l'espace public. Le foot et ses problèmes occupent désormais l'actualité de façon récurrente. Par un biais inattendu, le foot est devenu un véritable fait de société.

Intellectuels, éditorialistes, politiques… Qui n'a pas théorisé sur la question ? Alain Finkielkraut dénonce cette espèce de corruption du sport par l'argent. Il parle de « *décivilisation* ». De comportements bêtement égoïstes, inspirés par une idée primaire du respect. Il se demande si cette équipe n'est pas à l'image d'une France qui ne sait plus transmettre, qui ne sait plus éduquer. Dans *Marianne*, le chroniqueur Nicolas Bedos évoque une équipe de France miroir d'une jeunesse bâclée par nos élites et qui reflète fidèlement l'acné purulente qui gâte le front luisant de sa niaiserie vindicative. L'éditorialiste Maurice Szafran parle de petites frappes, d'une jeunesse dénuée de formation civique et citoyenne. Des Bleus nuls, désinvoltes et grossiers. Dans *L'Équipe Mag*, en décembre, on apprend que le mal « racaille » touche d'autres sports. L'équipe de France junior de judo a été exfiltrée du Japon après que des jeunes stagiaires ont été pris en flagrant délit de vol à l'étalage dans un magasin de Tokyo.

Le député Karim Zeribi parle de la faillite de la République, qui affecte le football : « *Le foot est un miroir grossissant d'une dérive sociétale. C'est une sorte de Star Academy. Il ne faut pas être surpris de ce qu'est devenu le football, de l'absence de lignes sur le plan éducatif. La notion d'exigence est une notion qui a complètement disparu à la fois de la société et donc du foot.* » Hermann Ebongue, le vice-président de SOS Racisme, veut interpeller les pouvoirs publics, les dirigeants et les clubs. L'équipe de France n'est que le reflet d'un problème sociétal et il dit vouloir en finir avec l'angélisme.

Un angélisme qui persiste encore néanmoins. L'éditorialiste Bruno Roger-Petit explique qu'il faut défendre les joueurs. Peu importe pourquoi, comment, le but est de faire barrage aux procureurs type Zemmour. L'écrivain et journaliste Éric Zemmour, qui le premier avait parlé de culture racaille en évoquant l'équipe de France. Les avocats n'ont qu'un but, toujours le même, faire reculer la bête immonde. Les loups de Serge Reggiani prêts à entrer dans Paris. Degré zéro de la réflexion.

Dans les jours qui ont précédé les deux matchs contre la Géorgie et l'Espagne, le foot français était plein d'espoir mais n'a pas pu s'éviter une nouvelle crise de nerfs. Sans revenir sur la polémique autour de *La Marseillaise* de Benzema, on a encore relevé des commentaires d'anciens. Aucun éloge. Plusieurs ex gloires du foot français se sont donc à nouveau exprimées. Manuel Amoros a affirmé ne plus regarder les Bleus, exprimant ainsi une cassure entre lui et l'équipe dont il fut l'un des meilleurs joueurs dans les années 80. Lilian Thuram parle, lui, d'un manque d'humilité rédhibitoire. Des mots qui font écho à ceux un peu plus anciens de Maxime Bossis racontant que, quand il s'est rendu à Clairefontaine pour rencontrer les joueurs, avant l'Euro 2012, il avait bien vu que « *certains n'en avaient rien à foutre de son expérience* ». Christian Karembeu ajoutait de son côté que cette nouvelle génération vivait dans un monde virtuel qui, sous couvert de liberté, se permettait des actes et des paroles maladroites. Édouard Cissé parle d'un manque de passion qui l'a dégoûté du foot au point de précipiter sa fin de carrière. Enfin, Christophe Dugarry évoque lui aussi un manque de passion généralisé et raconte ne rien avoir en commun avec ses successeurs en Bleu.

Ancien dirigeant de la FFF, énarque, Jacques Lambert pilote aujourd'hui le projet Euro 2016. Une compétition qui se déroulera en France et qui sera un objectif majeur pour le foot français. Le 30 octobre 2012, absorbé par sa mission, il répondait à des questions sur son travail, l'Euro à venir, mais aussi sur l'image du foot : « *La mauvaise image du foot, si on est cynique, je dirais que ce n'est pas si négatif, c'est même porteur, en quelque sorte. L'équipe de France repart de 0 et on peut espérer qu'elle redevienne compétitive justement à l'occasion de cet Euro 2016. Elle se construit un nouvel avenir en même temps que nous préparons l'événement. Ce qu'on peut souhaiter, c'est que les deux événements convergent, comme en 1998…* »

Avancer pour mieux reculer, voilà le programme. Le changement n'est décidément pas pour maintenant…

## Remerciements

Gilbert Brisbois, François Pesenti, Mohamed Bouhafsi, Virginie Phulpin, Alessandro Grandesso, Carine Galli, Thomas Mirade, Jérôme Thomas, Gilles Valle, Cyril Méjane, Thomas Nlend, Julien Cazarre, Flo Gautreau, Nico Vilas, Besma Lahouri.

## Bibliographie

*Traîtres à la Nation*, Stephane Beaud (La découverte)
*Ce pays qui n'aime pas le foot*, Joachim Barbier (Hugo & Cie)
*L'implosion*, Jean-Pierre Paclet (Michel Lafon)
*Tout Seul*, Raymond Domenech (Flammarion)
*La décennie décadente du foot français*, Bruno Godard et Jérôme Jessel (Flammarion)
*Quatre vingt treize*, Gilles Kepel (Gallimard)
*Le livre noir des Bleus*, Vincent Duluc (Robert Laffont)

Achevé d'imprimer sur rotative
par l'imprimerie Darantiere
à Dijon-Quetigny en
mai 2013

Dépôt légal : avril 2013
N° d'impression : 13-0554

*Imprimé en France*